Manfred Eisenbeis

Stundenblätter
Max Frisch „Andorra"

27 Seiten Beilage

Ernst Klett Verlag

Reihe: Stundenblätter Deutsch

In der Reihe Klett Editionen für den Literaturunterricht ist erschienen:
Materialien zu Max Frisch „Andorra".
Ausgewählt und eingeleitet von Eberhard Hermes.
ISBN 3-12-355100-8

CIP-Titelaufnahme der Deutschen Bibliothek

Eisenbeis, Manfred:
Stundenblätter Max Frisch, „Andorra" / Manfred Eisenbeis. –
3. Aufl. – Stuttgart: Klett, 1987
  (Reihe: Stundenblätter Deutsch)
  ISBN 3-12-927251-8

ISBN 3-12-927251-8

3. Auflage 1987
Alle Rechte vorbehalten
Fotomechanische Wiedergabe nur mit Genehmigung des Verlages
© Ernst Klett Verlag GmbH u. Co. KG, Stuttgart 1981
Satz: G. Müller, Heilbronn
Druck: Wilhelm Röck, Weinsberg
Einbandgestaltung: Zembsch' Werkstatt, München

Inhalt

Einleitung

Didaktische Überlegungen

Der Literaturunterricht ist dialektisch aufzufassen. „Er hat die Lebenswirklichkeit ständig im Auge zu behalten und für sie zu erziehen und zu bilden, aber zugleich auch den jungen Menschen mit Dingen zu konfrontieren, mit denen er sonst nie wieder in Berührung kommt." (Geißler, 1973, S. 84)

Diese Zielsetzungen geben gleichzeitig ein Kriterium für die Auswahl von Texten an: Texte sollen „etwas hergeben zum Verständnis der gegenwärtigen Situation, sie tragend oder kritisch korrigierend" (Geißler, 1973, S. 86). Sie leisten damit einen Beitrag zur „Selbstaufklärung" des Lesers: „Sich über sich selbst und sein Tun klar werden, ist der praktische Zweck des Literaturunterrichts." (Geißler, 1977, S. 55)

Diese Vorüberlegungen lassen Wahl und Behandlung von Max Frischs Drama „Andorra" als besonders sinnvoll erscheinen.

Dieser Text „gibt etwas her" zum Verständnis der gesellschaftlichen und der persönlichen Gegenwart, indem er aufzeigt, daß nicht nur die fiktiven Personen des Dramas in einer bestimmten historischen Situation der Gefahr erlegen waren, andere Menschen, Minderheiten, durch Vorurteile zu vergewaltigen, zu entpersönlichen und zu diskriminieren, sondern daß auch die heutigen Zuschauer bzw. Leser, also auch die Schüler selbst, in dieser Gefahr stehen. Die Schüler können erkennen, daß diese menschliche Neigung, in Vorurteilen zu denken und entsprechend zu handeln, in der Vergangenheit zu unermeßlichem Leid und zu unermeßlicher Schuld geführt hat und daß nur durch eine Bewußtseinsänderung der Menschen diese Gefahren in der Zukunft vermieden werden können.

Diese Einsichten und Erkenntnisse liegen, soweit sie sich auf das historische Ereignis, die nationalsozialistische Judenvernichtung, beziehen, außerhalb des unmittelbaren Erfahrungsbereichs der Schüler. Unsere heutigen Schüler sind nicht mehr, wie die „Andorraner", die im „Parkett" sitzen (MF in: W/S, S. 51), Zeugen im Sinne einer historischen Zeitgenossenschaft: „Sie sind in diesem Zusammenhang eher die unwilligen Erben einer schlimmen Vergangenheit." (Hegele, S. 36)

Ein gewisser Widerstand, sich heute noch mit den Problemen aus der Zeit der Hitler-Diktatur und besonders mit dem der Vernichtung der Juden zu beschäftigen, ist auch bei Schülern unverkennbar. Dieser Widerstand kann jedoch überwunden werden, wenn ihnen der Modellcharakter des Stückes und der Zusammenhang der gesellschaftlich-politischen Problematik mit der persönlich-individuellen verdeutlicht werden kann.

Es geht Frisch auch und vielleicht sogar vor allem darum aufzuzeigen, daß das „Modell" Andorra nicht nur das schreckliche Geschehen des Antisemitismus meint, sondern daß es auch für andere Fälle von kollektiven Vorurteilen Gültigkeit besitzt und daß diese gesellschaftlichen Vorurteile letztlich aus dem — eher privaten — „Bildnisproblem" resultieren, dem tödlichen Mechanismus des Vorurteils, das man sich vom Mitmenschen macht.

Diese – zeitlose – Problematik, die Frisch auch in anderen Werken gestaltet hat, entspricht durchaus den Interessen der Schüler, ist für ihr Selbstverständnis und Weltverstehen bedeutsam und erweitert ihren Erfahrungshorizont. Die Schüler können an diesem Text erkennen, daß Literatur nicht nur eine „eigenständige Wirklichkeit besonderer Art" ist, sondern daß sie „durch ihre Offenheit in die jeweilige Realität des Betrachters" hineinweist. (Riemenschneider, S. 21)

Offenheit sollte auch ein Prinzip der unterrichtlichen Behandlung dieses Textes sein. Die Akzente sind vom Autor nicht eindeutig gesetzt. Max Frisch schwankt in seinen eigenen Äußerungen zum Text zwischen einer Betonung des politisch-sozialen Bereichs einerseits und des persönlich-individuellen andererseits. Diese wechselnde Schwerpunktsetzung ist auch in der Rezeptionsgeschichte des Textes zu beobachten. Steht anfangs die historisch-kulturpolitische Seite des Problems, der Nationalsozialismus mit seiner Judenverfolgung, im Mittelpunkt des Interesses der Interpreten, so verlagert sich dieses Interesse mit wachsendem Abstand zum historischen Tatbestand immer mehr auf die persönlich-individuelle Seite, auf das „Bildnisproblem". Dabei wird jedoch leicht übersehen, daß das historische „Judenproblem" auch heute noch gesellschaftlich und politisch von Bedeutung ist, wie eine Schlagzeile der „Frankfurter Rundschau" vom 12. Mai 1981 zeigt: „Israels Regierungschef: Auch die heutige Generation trägt Schuld an der Judenvernichtung."

Die vorliegende Arbeit geht davon aus, daß beide Aspekte des Themas für den heutigen Zuschauer bzw. Leser von Bedeutung sind und von seinem Standpunkt aus reflektiert werden müssen. Sie berücksichtigt außerdem, daß die Kenntnis der besonderen Form des Stückes das Verständnis seiner Problematik und seiner Wirkungsabsicht erleichtert.

Aus diesen Überlegungen ergeben sich folgende Lernzielkomplexe:

Die Schüler sollen erkennen,

– daß in Frischs „Andorra" die (individuelle) Bildnisproblematik mit der (gesellschaftlichen) Problematik der Diskriminierung von Minderheiten (Beispiel: die Juden) auf Grund von Vorurteilen verbunden ist und wie sich diese Probleme modellhaft im Verhalten von Personen und Personengruppen ausdrücken

– daß das Stück auf Grund dieser Eigenart verschiedene Interpretationsansätze zuläßt

– daß in „Andorra" Elemente der traditionellen Dramenform („Fall", Konflikte) mit Elementen der epischen Form verbunden sind und welche Wirkung mit dieser besonderen Gestaltung angestrebt wird.

Zu einer befriedigenden Behandlung des Stückes sind drei Voraussetzungen hilfreich: 1. „Andorra" sollte nicht isoliert, sondern im Zusammenhang mit mindestens einem andern dramatischen Text behandelt werden, damit für den Schüler ein Erkenntniskontext gegeben ist, in den er den neuen Text sinnvoll einordnen kann.

In der unterrichtlichen Behandlung vorhergegangen sein könnten zum Beispiel

– Schiller, Maria Stuart (in Kl. 9 oder 10)

– Frisch, Biedermann und die Brandstifter (in Kl. 9)

– Brecht, Der gute Mensch von Sezuan (in Kl. 10)

2. Die Textbehandlung sollte Rezeptionsfragestellungen miteinbeziehen. Auf diese Weise wird die geschichtliche und gesellschaftliche Bedingtheit des Verstehens selbst zum Thema gemacht. Die Schüler erkennen, daß die Interpretation des Textes von den Fragestellungen, die man an ihn heranträgt, und dem Blickwinkel, aus dem man ihn betrachtet, abhängt. Sie können vielleicht auch schon erkennen, welche Faktoren diese Fragestellungen bedingen. Für diese rezeptionsbezogene Betrachtungsweise ist „Andorra" besonders geeignet, wie die unterschiedlichen Rezeptionshaltungen innerhalb eines relativ kurzen Zeitraums von 20 Jahren deutlich machen.

Diese Betrachtungsweise kann realisiert werden, indem

– die verschiedenen Rezeptionsansätze mitberücksichtigt werden, die in unterschiedlichen Inszenierungen, Kritiken und In-

terpretationen ihren Ausdruck finden (vgl. 2. und 14. Stunde)
- bei Kernproblemen des Stückes (Bildnisproblem) und bei der Beurteilung des Verhaltens der Personen (z. B. Andris) unterschiedliche Sehweisen aufgezeigt und begründet werden (vgl. 6./7. Stunde) und die Schüler interpretatorischen Spielraum erhalten.

3. Die unterrichtliche Behandlung des Stückes sollte auch Probleme seiner dramaturgischen Umsetzung, seiner Inszenierung und Aufführung aufarbeiten. Der Text ist für die Aufführung im Theater geschrieben und wurde auch außerordentlich häufig gespielt. Dieses Faktum ist für die Wirkungsgeschichte bedeutsam und kann berücksichtigt werden, indem
- die Besonderheit verschiedener Inszenierungen erkannt und beurteilt wird (vgl. 2. Stunde)
- berücksichtigt wird, daß Frisch die Proben zur Züricher Uraufführung nicht nur mit Kommentaren begleitet hat, sondern daß er auch unter dem Eindruck der Inszenierungsprobleme den Text mehrfach verändert und so neue Akzente gesetzt hat. Die Schüler können z. B. auf Grund der Notizen Frischs zu den Proben (Mat., S. 7–10*) über die Darstellung des Verhaltens Barblins dem Soldaten gegenüber (Anfang Bild 6, S. 51) erkennen, daß jede Inszenierung schon eine Interpretation ist.
- zur zusätzlichen Motivierung der Schüler sowie zur Verlebendigung des Unterrichts bei passenden Gelegenheiten, auf die noch verwiesen wird, Ausschnitte aus der Platten-Aufnahme des Dramas in den Unterricht aufgenommen werden.
Der Lehrer kann auch die gesamte Aufnahme nach Abschluß der Unterrichtsreihe in einer Doppelstunde den Schülern vorspielen und auf diese Weise zu einem befriedigenden Ausklang der Besprechung des Dramas kommen.

Auf ein weiteres didaktisches Problem soll noch hingewiesen werden, „Andorra" wurde in den ersten Jahren nach seiner Entstehung vorwiegend in den Oberstufenklassen der Gymnasien behandelt. Heute steht das Stück in den meisten Lehrplänen auf der Liste der für die Klasse 10 vorgeschlagenen Texte und läßt sich, wie die Erfahrung zeigt, mit gutem Erfolg auf dieser Klassenstufe behandeln. Diese frühe Textbehandlung ist möglich, weil das Stück eine klar strukturierte Geschehensabfolge sowie eine Problematik aufweist, die heutigen 15- bis 16jährigen Schülern nahezubringen ist und die sie motiviert. Es hängt selbstverständlich vom literarischen Hintergrund und vom Entwicklungsstand der Klasse ab, bis zu welchem Grad die Probleme entfaltet und bis zu welchem Abstraktionsniveau sie verfolgt werden können. Schüler der Oberstufe haben zwar in der Regel einen breiteren literarischen – und auch historischen – Hintergrund als Schüler der Klassenstufe 10 und können auch besser abstrahieren, so daß die psychologischen und soziologischen Probleme ausführlicher und differenzierter als in Klasse 10 behandelt werden können. Aber „Verstehen von literarischen Texten ist immer nur ein Partialverständnis." (Geißler, 1973, S. 94) Ein solches – ausreichendes – Partialverständnis ist in Klasse 10 durchaus zu erreichen.
Aus diesen Überlegungen wird deutlich, daß die Behandlung literarischer Texte im allgemeinen und die des vorliegenden Stückes im besonderen nicht erschöpfend sein kann und soll. Der Lehrer muß Schwerpunkte setzen, auch mit Rücksicht auf die Schüler. Sie sollen

---

* Mit dieser Kurzform wird auf das Heft „Materialien zu Max Frisch ‚Andorra', ausgewählt und eingeleitet von E. Hermes" aus der Reihe *Klett Editionen für den Literaturunterricht* verwiesen. Mit wenigen Ausnahmen sind alle im Text angegebenen Materialientexte in diesem Heft abgedruckt.

nicht durch eine Besprechung, die alle nur möglichen Gesichtspunkte berücksichtigen und nichts uninterpretiert lassen will und die sich deshalb zu lange hinzieht, in ihrem Interesse abgestumpft werden und ermüden.

Sie sollen vielmehr interessiert, zur Mitarbeit motiviert werden und Freude am Umgang mit Literatur behalten oder neu gewinnen. Dies ist nur möglich, wenn eine gewisse Zeit unterrichtlicher Behandlung eines Textes nicht überschritten wird und offene Probleme bleiben, die zum Weiterdenken anregen.

Die Unterrichtseinheit „Andorra" ist deshalb auf 14 Stunden angelegt. Die Behandlung des Stückes erfolgt in *drei* Sequenzen, die vom noch ungegliederten ersten Eindruck des Textganzen über dessen genaue Analyse nach Schwerpunkten zu einer verallgemeinernden Zusammenfassung und Ausweitung führen.

In der *ersten* Sequenz sollen die Schüler für die analytische Auseinandersetzung mit dem Text motiviert werden. Dazu ist es notwendig, daß sie

– Informationen über die Entstehung des Stückes aus der Vorform (Tagebuchskizze: „Der andorranische Jude") erhalten sowie formale und inhaltliche Unterschiede zur Vorform erkennen: 1. Stunde: Vergleich Prosaskizze – Drama
– Informationen über die Wirkung des Stückes bei seinen ersten Aufführungen erhalten und die Besonderheiten dieser Aufführungen erkennen: 2. Stunde: Theaterkritiken
– die Struktur des Stückes erkennen und seinen Inhalt überblicken: 3. Stunde: Die Struktur des Dramas

In dieser dritten Stunde sollen die Schüler auch schon die Probleme, Themen und Texteinheiten erkennen und evtl. selbst vorschlagen, die dann in der *zweiten* Sequenz genauer untersucht werden sollen.

Sie erkennen z. B., daß es notwendig ist,

– das erste Bild zu analysieren, da es Expositionscharakter hat und schon die wesentlichen Konflikte enthält:
4. Stunde: Die Ausgangssituation
– das letzte Bild genauer zu besprechen, da hier die verschiedenen Handlungsstränge wieder zusammenlaufen und die Konflikte – gewaltsam – gelöst werden:
10. Stunde: Die Judenschau
– das Verhalten der wichtigen Personen und Personengruppen genauer zu untersuchen, da es Frisch offensichtlich (vgl. 1. Stunde) darum geht, die Besonderheit dieser Verhaltensweisen aufzuzeigen:
5. Stunde: Das Verhalten der Andorraner
6/7. Stunde: Das Verhalten Andris
9. Stunde: Der Lehrer Can

Die Schüler erkennen außerdem,

– daß es wichtig ist, das Verhalten der Betroffenen nach dem eigentlichen Geschehen zu untersuchen:
11. Stunde: Die Zeugenaussagen

Die Schüler erfahren

– daß das Verhalten der Figuren des Stückes mit einem von Frisch auch theoretisch gestalteten Problem zusammenhängt, zu dem es auch eine Äußerung von Brecht gibt:
8. Stunde: Frisch und Brecht zum Bildnisproblem

In dieser zweiten, mehr rational-analytischen Sequenz geht es um differenziertes, objektiviertes Textverständnis durch Untersuchung des Inhalts, der Sprache und der Intention. Die Reihenfolge der Stunden dieser Sequenz ergibt sich aus der Struktur des Textes und der Logik der Handlungsführung.

In der *dritten* Sequenz empfiehlt sich ein Vorgehen vom Einzelnen zum Allgemeinen. In ihr geht es

– um eine zusammenfassende Untersuchung der Problematik von Schuld und Verantwortung, die schon in den Stunden 5, 6/7, 9, 10 und 11 einen Schwerpunkt der Analyse darstellt:

12. Stunde: Die Schuld
- um den Nachweis, daß dieses wichtige Problem auch eine Realisierung im sprachlich-symbolischen Bereich erfährt, wobei besonders auf Ergebnisse der Stunden 4 und 10 zurückgegriffen wird:

13. Stunde: Symbolik
- um eine ausweitende Gesamtbetrachtung des Modellcharakters des Stückes, wobei Erkenntnisse aus fast allen bisherigen Stunden fortgeführt und vertieft werden:

14. Stunde: Andorra – ein Modell

Auf diese Weise schließt die unterrichtliche Betrachtung des Stückes damit, daß seine Problematik sowohl in den Erfahrungshorizont der Schüler einbezogen als auch in ihrer allgemein gesellschaftlichen Bedeutung aufgezeigt wird.

Jedes Einzelthema der Unterrichtseinheit kann in *einer* Unterrichtsstunde behandelt werden. Je nachdem, wie ausführlich die Probleme diskutiert oder welche der angebotenen Zusatzstoffe oder Materialien berücksichtigt werden, kann allerdings eine Unterrichtsstunde überschritten werden. Wegen der zentralen Bedeutung der Figur Andris im Hinblick auf die Intention Frischs und die Fülle der psychologischen und soziologischen Probleme, die mit ihr verbunden sind, sind für die Analyse und Interpretation seines Verhaltens *zwei* Unterrichtsstunden vorgesehen.

Es können aber auch zusätzliche Stunden eingefügt werden, so z. B.
- über die Entstehung von Vorurteilen aus soziologischer Sicht (vgl. Hofstätter, S. 109 f., König, S. 303–307, Allport, in: W/S, S. 74–79): nach der 5. oder 8. Stunde
- über die Merkmale von Brechts epischem Theater (vgl. Brecht, S. 15 f.): nach der 3. Stunde

- über andere Texte von Frisch zum Problem der Identität (vgl. „Stiller", S. 89, 113 f., 305 f.) nach der 8. Stunde
- über das Phänomen „Pygmalion im Klassenzimmer" (vgl. Funkkolleg, S. 67 f.) nach der 8. Stunde
- über die Sprache der Personen (vgl. F/S, S. 56–67): nach der 13. Stunde
- über Interpretationsansätze (vgl. Krapp: W/S, S. 98–103; Hilty: W/S, S. 113–121; Pütz: W/S, S. 122–132; Frühwald/Schmitz: F/S, S. 72 f.; Knapp, S. 28–30): nach der 14. Stunde

Stehen weniger als 14 Stunden zur Verfügung, so müssen einige wichtige Probleme und Fragestellungen, zu deren Behandlung eigene Stunden vorgesehen sind, im Zusammenhang mit andern Themen besprochen werden, so z. B.
- „Theaterkritiken" (2. Stunde) im Zusammenhang mit „Andorra – ein Modell" (14. Stunde)
- „Frisch und Brecht zum Bildnisproblem" (8. Stunde) im Zusammenhang mit der Analyse des Verhaltens der Andorraner und Andris (5. und 6./7. Stunde)
- „Symbolik" (13. Stunde) im Zusammenhang mit der Analyse der Ausgangssituation (1. Bild, 4. Stunde) und der „Judenschau" (12. Bild, 10. Stunde)

Methodische Überlegungen

Die erste Sequenz setzt schon die sorgfältige Lektüre des Textes voraus. Die Schüler erhalten deshalb den Auftrag, zum Zwecke der Sicherung und Strukturierung des Inhalts die wichtigsten Handlungselemente der einzelnen Bilder bzw. die Personen vor der Schranke in das vorbereitete Arbeitsblatt (vgl. Stundenblatt S. 7) mit den entsprechenden Handlungsebenen und – leeren – Inhaltsspalten einzutragen. Die Arbeitsergebnisse werden zu Beginn der 3. Stunde verglichen, korrigiert und evtl. ergänzt. Darüber hinaus übernehmen zwei Schüler den Auftrag, die korrigierte Inhaltsübersicht auf große Blätter (DIN A 1) als „Wandzeitung" zu zeichnen.

Auf diese Weise bleiben Inhalt und Struktur des Stückes während der gesamten Besprechung optisch gegenwärtig, so daß sich Schüler und Lehrer stets darauf beziehen können. In der zweiten Sequenz stehen im Mittelpunkt der unterrichtlichen Behandlung entweder einzelne Bilder (4. und 10. Stunde) oder Themen, die den gesamten Text bzw. mehrere Bilder zur Grundlage haben (5., 6./7., 9. und 11. Stunde). Diese unterschiedliche Vorgehensweise geschieht aus folgenden Gründen:

Die Behandlung eines Bildes, also eines Sinnabschnittes, hat den Vorteil,

– daß die Schüler den – begrenzten – Text besser überschauen und in seiner Binnenstruktur in den Griff bekommen können

– daß das Bild mit seinen verschiedenen Aspekten inhaltlicher, thematischer, struktureller und sprachlicher Art genauer analysiert und interpretiert werden kann, als dies bei thematischen Längsschnitten der Fall ist.

Deshalb ist es sinnvoll, die für Struktur, Inhalt und Problematik des Stückes grundlegenden Bilder 1 und 12 zum Gegenstand je einer Stunde zu machen, wobei allerdings auch bei diesem Vorgehen mit Vor- und Rückverweisen gearbeitet werden muß (z. B. Verhalten der Personen jetzt – Verhalten später bzw. früher).

Die Behandlung in Längsschnitten ist auf ein Thema hin angelegt (z. B. auf das Verhalten Andris zu verschiedenen Zeitpunkten verschiedenen Personen gegenüber). Diese Vorgehensweise

– beschränkt sich auf die Fragestellung und läßt Aspekte weg, die in anderem Zusammenhang wichtig sind

– zeigt durch den gesamten Text hindurch Verhaltensweisen und Entwicklungen auf und führt so zur Erkenntnis von Zusammenhängen und übergreifenden Problemen

– verlangt allerdings von den Schülern eine genaue Übersicht über den Text und ein erhebliches Abstraktionsvermögen.

In der zweiten Sequenz werden beide Vorgehensweisen miteinander verbunden,

– weil auf diese Weise eine sowohl text- als auch problemorientierte Betrachtung erreicht wird

– damit die Schüler der Klasse 10, die oft noch keine große Erfahrung im Umgang mit längeren Texten haben, nicht durch eine ausschließlich thematische Textbetrachtung überfordert werden.

Das Schwergewicht liegt jedoch auf der thematischen (problembezogenen) Behandlung.

In dieser Analysesequenz bereiten die Schüler die anstehenden Szenen oder Themenkomplexe in der Regel nach Leitfragen vor. Dies hat den Vorteil, daß sie

– den Text ein zweites Mal unter bestimmten Aspekten lesen und ihn so strukturieren lernen

– durch ihre Arbeitsergebnisse den Unterricht vorbereitend mitgestalten und vom Materialsammeln entlasten

– zur selbständigen Lektüre angeregt werden.

Die Schüler können aber auch durch Kurzreferate über Einzelprobleme (z. B. über das Verhältnis Barblins zu Andri innerhalb der 6./7. Stunde oder über die Entstehung von Vorurteilen in soziologischer Sicht in der 5. Stunde) den Unterricht mittragen.

Wegen der bei der Interpretation angestrebten Textnähe steht in der zweiten Sequenz zwar das fragend-entwickelnde Verfahren mit ausführlicher Textarbeit im Vordergrund, in den Unterrichtsschritten, die der Vertiefung und Problematisierung gewidmet sind, werden jedoch dem Unterrichtsgespräch und der Diskussion Vorrang eingeräumt.

Eine verhältnismäßig offene Unterrichtsführung ist für die dritte Sequenz der Unterrichtseinheit vorgesehen. Die Behandlung der zusammenfassenden und ausweitenden Themen sollte weniger gelenkt und mehr rezipientenbezogen, d.h. vom Textverstehen der Schüler bestimmt, erfolgen. Besonders in oder nach der 14. Stunde können Schülerreferate mit alternativen Interpretationsansätzen eingebaut werden (vgl. die im jeweiligen Stundenkommentar angegebenen Materialien).

An bestimmten Stellen der Textbehandlung, auf die jeweils verwiesen wird, ist es auch möglich, einzelne Textszenen, eventuell unter freier Benutzung des Materials, von den Schülern spielen zu lassen. Auch dies trägt zu ihrer Motivierung und zur Intensivierung des Problemverständnisses bei.

Zu jeder Unterrichtsstunde sind Grobziele angegeben, die die angestrebten Intentionen und die Richtung der Besprechung verdeutlichen sollen. Die Beschreibung der Unterrichtsstunden hält sich auf der Ebene mittlerer Ausführlichkeit und berücksichtigt die neueren Ergebnisse der Sekundärliteratur. Sie enthält außerdem Hinweise auf weiterführende und kritische Fragestellungen.

Die Seitenzahlen bei den Textzitaten beziehen sich auf die Taschenbuch-Ausgabe des Textes bei Suhrkamp (st 277). Als ergänzende Materialsammlung für die Hand des Schülers wird auf das im Klett-Verlag erschienene Editionen-Heft „Materialien: Max Frisch, Andorra" zurückgegriffen.

Der Unterrichtsbeschreibung entsprechen im Aufbau die Stundenblätter. Sie nennen das Thema der Unterrichtsstunde, geben Textgrundlage und Materialien an, gliedern den Verlauf der Stunde in einzelne, durch Leitfragen strukturierte Schritte und machen inhaltliche Angaben zu diesen Schritten. Außerdem geben sie methodische Hinweise, nennen die zu erarbeitenden Begriffe und geben mögliche Hausaufgaben an.

Zu allen Stunden wird ein auf Unterrichtsbeschreibung und Stundenblatt bezogener Tafelanschrieb angeboten, der die Schwerpunkte der Stunde auch optisch erkennen läßt. Er ist als Möglichkeit zu sehen, die entsprechend den Schülerbeiträgen verändert werden kann, hat instrumentalen Charakter, dient der Interpretation als Orientierungshilfe und organisiert die Unterrichtsschritte. Als visuelle Stütze und Strukturierungshilfe für die Schüler ermöglicht er es, komplizierte Zusammenhänge übersichtlich darzubieten, so daß sie leichter reproduziert werden können. Die Tafelanschriebe sind bewußt sehr ausführlich und detailliert gestaltet – es besteht aber in fast allen Fällen die Möglichkeit zu Vereinfachung und Kürzung, indem Originalzitate, die vor allem Belegfunktion haben, weggelassen werden.

Die vorliegende Unterrichtsreihe über Max Frischs Drama „Andorra" ist im Unterricht mehrfach erprobt und zeigt eine Möglichkeit für die Behandlung dieses interpretatorisch sehr ergiebigen Textes in Klasse 10 auf. Sie weist auch auf Alternativen hin und will dem Lehrer Anregungen für die eigene Unterrichtsarbeit vermitteln. Der Literaturunterricht kann nicht nach vorgefertigten Mustern ablaufen, sondern muß, will er seine Aufgaben erfüllen, offen sein. Da der einzelne Text sich erst durch und im Lesen realisiert, ist seine Interpretation vom Leser abhängig, d.h. vom jeweiligen Lehrer und seinen Schülern mit ihren besonderen Interessen.

Darstellung der Unterrichtseinheit

1. Sequenz: Hinführung zum Text

Diese erste Unterrichtssequenz (1.–3. Stunde) knüpft an das Erstverständnis der Schüler an und hat das Ziel, die Fragen, die sich von dieser primären Rezeption her ergeben, zu beantworten und auf diese Weise für eine genaue Analyse des Textes zu motivieren:
– Was wissen wir über die Entstehung des Textes?
  1. Stunde: Vergleich Prosaskizze – Drama
– Wie wurde das Stück auf dem Theater aufgenommen?
  2. Stunde: Theaterkritiken
– Worum geht es in diesem Stück, wie ist es aufgebaut, und welche Probleme sollen besprochen werden?
  3. Stunde: Die Struktur des Dramas

Am Ende dieser Sequenz
– haben die Schüler einen Überblick über Inhalt, Struktur und Problemlage des Stücks
– erkennen sie, welche Probleme bzw. Sinnabschnitte in der folgenden Sequenz genauer analysiert werden müssen.

1. Stunde:
Vergleich Prosaskizze – Drama

Vorbemerkungen

Von der Entstehungsgeschichte des Stückes her bietet sich an, als Einstieg einen Vergleich der Prosaskizze „Der andorranische Jude" aus dem Tagebuch (Mat., S. 11–13) mit dem Drama zu wählen. Voraussetzung für die Stunde ist die häusliche Lektüre beider Texte mit dem Arbeitsauftrag
1. inhaltliche Gemeinsamkeiten sowie
2. inhaltliche und formale Unterschiede zwischen beiden Texten festzustellen.
Zu Beginn der Stunde sollen die Schüler Gelegenheit haben, ihren Eindruck von beiden Texten zu formulieren sowie Verstehensschwierigkeiten zu äußern.

Bei der Gegenüberstellung beider Texte erkennen die Schüler
– welche gemeinsame Fabel vorhanden ist
– welche inhaltlichen und formalen Hauptunterschiede festzustellen sind.
Sie sollen außerdem überlegen,
– welche Absicht Frisch mit der Umarbeitung der Skizze zum Drama verfolgt
– welche unterschiedliche Wirkung beide Textgattungen haben.

Stundenverlauf

(1a) Durch die Wiedergabe des Inhalts beider Texte entsteht eine gemeinsame Basis für die folgende Arbeit, und es werden schon wichtige Punkte, die die Umwandlung der Skizze zum Drama betreffen, genannt, so daß im weiteren Verlauf der Stunde darauf aufgebaut werden kann.
Die Schüler erhalten dann Gelegenheit, unverstandene Begriffe, Sachverhalte und Handlungselemente im Gespräch klären zu lassen sowie ihre Leseeindrücke zu formulieren. Hierbei können schon wichtige Erkenntnisse oder Anregungen zur Sprache kommen, die für die spätere Arbeit von Bedeutung sind.
(b) Im Anschluß daran sollten die Äußerungen Max Frischs über die Entstehung seines Dramas (Mat., S. 6f.) herangezogen werden.

Zu klären ist hier der für die gesamte Behandlung des Stückes wichtige Satz: „Andorra ist der Name für ein Modell", wobei „Modell" vorläufig im Sinn von „Beispiel", „Muster" erklärt wird, da der Begriff in der 2. Stunde wieder verwendet wird. Eine ausführlichere Erläuterung des Begriffs sollte allerdings erst in der 14. Stunde geschehen, in der dieses Problem thematisiert wird.

(2) Inhaltsangabe, Eindrucksbefragung sowie HA 1 lassen die Schüler erkennen, worin die beiden Texten gemeinsame Grundfabel besteht: „Ein junger Mann, der kein Jude ist, glaubt ebenso wie fast seine gesamte Umwelt, daß er Jude sei. Als Jude aber wird er verachtet und schließlich getötet." (Hegele, S. 38)

(3) Schwerpunkt der Stunde ist die Herausarbeitung und Begründung der Unterschiede zwischen Skizze und Drama auf der Grundlage der HA 2. Neu sind die Handlung zwischen den Hauptpersonen, die Demonstration der Vorurteile sowie die Zeugenauftritte. Auf inhaltliche und formale Einzelheiten soll allerdings noch nicht eingegangen werden.

(a) Zunächst fällt auf, daß die Überschrift der Skizze nicht als Dramentitel verwendet wird. Die Schüler merken, daß diese Veränderung eine Akzentverschiebung bedeutet. Nicht mehr das Verhalten einer Person, des „andorranischen Juden", soll im Mittelpunkt stehen, sondern das Verhalten eines Kollektivs, das durch die modellhaft gemeinte Ortsangabe „Andorra" als verallgemeinerungsfähig und übertragbar gekennzeichnet ist. In diesem Zusammenhang ist auch die Äußerung Max Frischs „Andorra ist kein guter Titel, der bessere fiel mir nicht ein" (Mat., S. 7) zu interpretieren.

(b) Im Mittelpunkt der Überlegungen steht jetzt die Frage, was Max Frisch tun mußte, um aus der Skizze ein Drama zu erarbeiten, aus einem erzählenden (epischen) Text einen darstellenden (dramatischen) zu machen. Die Antwort fällt den Schülern nicht schwer: Er mußte eine Handlung erfinden, die zwischen den Personen spielt. Was in der Skizze berichtet wird (das Findelkind, der Umgang des jungen Mannes), mußte in Geschehen umgesetzt werden. Im Drama „mußte Andri als handelnder und leidender Held in einem Geflecht menschlicher Beziehungen vorgestellt werden, deren konfliktreiche Entwicklung in seiner Herkunft begründet liegt". (Hegele, S. 38)
Von besonderer Bedeutung ist die Can-Handlung. Der Vater läßt durch seine Verschleierung der Wahrheit starke dramatische Gegensätze aufbrechen (Inzestproblematik).
(c) In der epischen Skizze ist nur eine Teilfabel des Dramas angelegt, nämlich die Geschichte von der Vergewaltigung Andris durch die Andorraner. Sie handelt fast ausschließlich vom täglichen Umgang des angeblichen Juden. Für Frisch ergab sich das Problem, das Verhalten eines Kollektivs auf die Bühne zu bringen. „Frisch löste dieses Problem dadurch, daß er einzelne andorranische Typen wie den Soldaten, den Wirt, den Tischler, den Doktor, den Pater immer wieder Andri gegenüberstellt, wobei in verschiedenartigen Situationen die antisemitischen Vorurteile der Andorraner demonstriert werden." (Hegele, S. 39) Einige Vorurteile der Andorraner Andri gegenüber können schon genannt werden: Der Soldat wirft ihm Feigheit vor, der Wirt Geiz, der Tischler Geldgier, und der Doktor meint, alle Juden seien ehrgeizig.
Auf Form und Bedeutung dieser Szenen wird in der 3. Stunde genauer eingegangen.
(d) Neben den Unterschieden, die sich aus der Umsetzung des epischen in einen dramatischen Text ergaben, erkennen die Schüler auch solche inhaltlicher und formaler Art. In der Skizze wird die Zeit nach dem schrecklichen Ende des andorranischen Juden unter Beachtung des natürlichen Zeitablaufs geschildert: „Die Andorraner, sooft sie in den

Spiegel blickten, sahen mit Entsetzen, daß sie selber die Züge des Judas trugen, jeder von ihnen." (Mat., S. 13) Bei der Dramatisierung wird also nicht nur der formale Einschub der Zeit nach Andris Tod ergänzt, sondern auch der Inhalt der Aussagen, die zu diesem Zeitpunkt gemacht werden, wird geändert.

Im Drama stehen die Andorraner an der Zeugenschranke und beteuern ihre Unschuld. Diese sieben monologartigen Auftritte geschehen zu einem Zeitpunkt nach Andris Tod. Frisch erreicht mit dieser Zeitverschränkung, daß der Zuschauer das tatsächliche Verhalten der Andorraner Andri gegenüber mit ihrer Selbsteinschätzung vergleichen und auf diese Weise ihre Verstocktheit und Unbelehrbarkeit erkennen kann. Genauere Überlegungen zur Funktion dieses Strukturelementes finden in der 11. Stunde statt.

(4) Nach diesen Überlegungen sind die Schüler in der Lage, vorläufig zu erkennen, welche Absicht Frisch mit der Umarbeitung der Skizze zum Drama verfolgt: Die dramatische Gestaltung des Stoffes ist von erheblich größerer Eindringlichkeit und Wirkung als die knappe epische, besonders was die Darstellung der Verhaltensweisen angeht. Den Zuschauern werden diese antisemitischen Klischeevorstellungen demonstriert und so unmittelbar sinnlich zur Anschauung gebracht. Sie brauchen sie nicht erst innerlich in Vorstellungen und Bilder umzusetzen.

An dieser Stelle könnte sich auch eine kurze Diskussion über die unterschiedliche Wirkung von Epik und Dramatik anschließen.

Hausaufgabe

Die Schüler sind nun interessiert zu erfahren, wie „Andorra" auf dem Theater aufgenommen wurde. Deshalb werden in der nächsten Stunde Kritiken verschiedener Aufführungen besprochen, die einen Eindruck von unterschiedlichem Rezeptionsverhalten vermitteln.

Diese Kritiken können
– entweder von allen Schülern oder
– von 4 Arbeitsgruppen vorbereitend gelesen werden, wobei die Besonderheiten der jeweiligen Aufführung sowie die Schwerpunkte der Kritik von den Schülern festgehalten werden.

Um das unterschiedliche Echo auf die Theateraufführungen kennenzulernen, ist es zweckmäßig, Kritiken auszuwählen, die in verschiedenen Ländern erschienen und für Leser mit unterschiedlichem Erfahrungshorizont gedacht sind.

Auf Grund der Materiallage bieten sich an:
– ein Auszug aus der Besprechung der Schweizer Uraufführung durch eine Schweizer Kritikerin (W/S, S. 186–187)
– Rolf Michaelis: Andorra bei uns. Stuttgarter Zeitung vom 8. 5. 62. In: Mat., S. 17–19
– Fritz Rödel: Sie wollen's nicht wissen. Berliner Zeitung vom 14. 2. 63. In: Mat., S. 19–20
– Sabina Lietzmann: Warum Frischs ‚Andorra' in New York unterging. FAZ vom 26. 2. 63. In: Mat., S. 20–21

Zusätzlich können Schülerreferate über weitere Aufführungen in die Stunde eingebaut oder auch in der Folgestunde besprochen werden, und zwar über
– die Uraufführung in Zürich (Plett, S. 25–27, W/S, S. 161–196, Knapp, S. 41–43),
– die deutschen Erstaufführungen in München, Düsseldorf und Frankfurt (Plett, S. 33–35; Knapp, S. 43–45; W/S, S. 199–204)
– die Aufführung in Israel (W/S, S. 253–257)

2. Stunde:
Theaterkritiken

Vorbemerkungen

Nachdem die Schüler in der vergangenen Stunde erkannt haben, daß und warum Frisch einen Prosatext in einen dramatischen umgewandelt hat und welche Wirkung dramatischen Texten eigentümlich ist, soll in dieser Stunde erarbeitet werden, wie das Stück auf dem Theater aufgenommen wurde und welche Schwerpunkte die verschiedenen Regisseure bei ihrer Inszenierung setzten bzw. welche der im Drama gestalteten Probleme in der interessierten Öffentlichkeit, die sich in den Kritikern repräsentiert, besondere Beachtung fanden.

Die Schüler sollen erkennen,
– daß verschiedene Regisseure den Text in verschiedener Weise verstanden und deshalb bei der Inszenierung bestimmte Schwerpunkte gesetzt haben
– daß verschiedene Kritiker den Text ebenfalls unterschiedlich interpretiert und so zu verschiedenen Beurteilungen der jeweiligen Aufführung gelangt sind
– welche Schwerpunkte von Regisseuren bzw. Kritikern gesetzt wurden
– daß die Gründe für die unterschiedliche Textrezeption in einem gewissen Verstehensspielraum liegen, den der Text bietet und der von den Rezipienten je nach ihrem Beurteilungsstandpunkt unterschiedlich ausgefüllt werden kann
– welche Hauptthemen, Probleme und Aspekte im Unterricht behandelt werden sollen.
Die Untersuchungsergebnisse der Schüler bzw. der einzelnen Gruppen dienen als Grundlage der Besprechung. Evtl. können zusätzlich Schülerreferate über andere Aufführungen in den Unterricht eingebaut werden.

Stundenverlauf

(1) Als Einstieg empfiehlt sich, den Schülern einige Informationen über die Zeit von 1945–60 zu geben. Die Judenverfolgungen und -vernichtungen des Hitler-Reiches sind den Schülern bekannt, das Verhalten der Schweiz, die flüchtende Juden teils an den Grenzen zurückwies, teils auslieferte, muß vom Lehrer beschrieben werden. Die relevanten Elemente der Nachkriegsgeschichte sind weniger bekannt: Wiederaufbau, Wirtschaftswunder, Verdrängung der NS-Vergangenheit und besonders der Schuld an den Juden, unterschiedliche Reaktionen den NS-Prozessen gegenüber. Eine Diskussion kann sich anschließen: Kollektivschuld oder Kollektivverantwortung, Anerkennung der Schuld oder Verdrängung, Nestbeschmutzung oder Vergangenheitsbewältigung.
Steht wenig Zeit zur Verfügung, kann eine solche Diskussion auch am Ende der Unterrichtseinheit im Zusammenhang mit der Problematik der 12. Stunde stattfinden.

(2) Die Schweizer Kritikerin Charlotte von Dach (W/S, S. 286 f.) schreibt für ein Schweizer Publikum mit seinem besonderen Verhältnis zur Vergangenheit. Im Vergleich zu den deutschen Kritikern der Uraufführung äußert sie sich sehr zurückhaltend über das Stück. Für sie ist es „ein kritisches Zeitstück", das „Wirklichkeit und Möglichkeit des Antisemitismus, der Allgemeinschuld, des Verrates" aufzeige.
Als Schweizerin lehnt sie allerdings einiges ab, „was Max Frisch aus seiner schwierigen Beziehung zu Begriffen wie ‚Vaterland‘ und ‚schweizerischer Staatsbürger‘ in die Andorra-Vorgänge fließen läßt. Sein Wille, sich nirgends festzulegen, die Scheu vor der Verbindlichkeit einer Tatsache (...) verwischen die Grenzen, an der auch die künstlerische Absicht vor dem Gebot, das man als redliche nationale Haltung bezeichnen könnte, halt machen muß."

Frisch habe zwar seine Absicht erreicht, ein „jüdisches Schicksalsstück" zu schreiben, aber die Verallgemeinerung der Problematik, die Frisch auch anstrebe, sei nicht gelungen, da die „antisemitische Problemschicht nicht die entsprechenden Öffnungen" habe und die „sich aufdrängenden Bilder eines vergangenen Dritten Reiches" schwer zu einer „allgemeingültigen Ebene" gelangen ließen. „Dergleichen massive Wirklichkeitsnähe schwächt ihren beabsichtigten geistigen Überbau."

Die Schüler erkennen: Die Verfasserin sieht Andorra als „kritisches Zeitstück" und „jüdisches Schicksalsstück". Sie sieht aber eine Schwäche in seiner Heterogenität und glaubt, ihm wegen seiner „massiven Wirklichkeitsnähe" – diese Aussage betrifft die Inszenierung Kurt Hirschfelds (Züricher Uraufführung) – den Modellcharakter nicht zuerkennen zu können.

(Z) Aufschlußreich ist es, deutsche Kritiker der Schweizer Uraufführung zu Wort kommen zu lassen (Schülerreferat). Das Stück und seine Aufführung werden insgesamt sehr positiv beurteilt. Ossip Kalenter lobt: „Der Eindruck, den sein (Frischs) Stück hinterläßt, ist rund, geschlossen und vollendet." (Plett, S. 27) Johannes Jacobi meint: „Anderswo wird das Stück wahrscheinlich anders aussehen auf der Bühne. Gültiger ist es nicht denkbar." (Plett, S. 27) Friedrich Luft übertrifft seine Kollegen noch, wenn er von einem „Exempelstück", „überzeitlichen Zeitstück", einer „düstere(n) Moralie mit dem Glanz gläubiger Schönheit, auch wo es scheinbar nur extreme Häßlichkeit dieser Menschen zeichnet" spricht (Plett, S. 56; Knapp, S. 43). Da ist Henning Rischbieter noch zurückhaltend, wenn er nach lobender Charakterisierung zu dem Ergebnis kommt: „Nicht der ganze Reichtum des Stückes wurde entfaltet, manche Einzelheiten blieben unverbunden." Er fordert, wie auch Ch. von Dach, den Regisseur, „dem es gelingt,

den Realismus und die Modellhaftigkeit, das Konkrete und das Exemplarische des Stückes zur völligen Einheit zu verschmelzen." (W/S, S. 173)

Die Schüler erkennen, daß die deutschen Kritiker, offensichtlich aus dem Gefühl des Betroffenseins heraus, andere Beurteilungsgesichtspunkte entwickelt haben und daß sie vor allem den Modellcharakter des Stückes betonen.

(3) Diese anderen Gesichtspunkte werden auch in den Kritiken der deutschen Aufführungen deutlich. Rolf Michaelis gibt seiner Kritik (Mat., S. 17–19) bezeichnenderweise die Überschrift: „Andorra bei uns" und nennt das Drama ein „Lehrstück von der Schuld des Menschen", das deutlich mache, daß jeder einzelne sich betroffen fühlen müsse.

Die Besonderheit der Aufführung, auf die sich Michaelis bezieht, liegt darin, daß der Regisseur Peter Palitzsch Umstellungen und Veränderungen des Textes vorgenommen hat: Die Aussagen an der Schranke erfolgen vor der Szene, nicht nachher; der Lehrer Can spricht am Ende vor der Schranke „schuldig"; die Anfangsszene wird zum zweiten Bild, die Schlußszene fällt weg. An dieser Stelle ließe sich mit den Schülern eine interessante Diskussion über die Zulässigkeit dieses „Weiterdichtens" durch den Regisseur führen, es läßt sich, falls dazu keine Zeit vorhanden ist, auf jeden Fall deutlich machen, wie durch diese Veränderungen der Charakter des Stückes beeinflußt wird. Der Kritiker nimmt den Regisseur vor möglichen Angriffen wegen der Texteingriffe in Schutz: Die Umstellung lasse „Illusionstheater gar nicht erst aufkommen", das Stück gewinne eine „neue, härtere Struktur", der Regisseur lasse „den besonderen menschlichen Fall mit strenger Genauigkeit" spielen und stelle „das Stück wieder in die Nähe der ersten Skizze aus Frischs ‚Tagebuch'".

Die Schüler erkennen zusammenfassend,

daß Peter Palitzsch, der Regisseur der Stuttgarter Aufführung, „Andorra" als „Lehrstück von der Schuld des Menschen" inszeniert hat und damit vor allem den Modellcharakter des Stückes betont. Sie erkennen auch, daß der Regisseur, um diese Intention ganz deutlich hervortreten zu lassen, Texteingriffe vorgenommen hat.

(Z) Hier ließen sich auch die Kritiken der drei deutschen Erstaufführungen in München, Düsseldorf und Frankfurt in den Unterricht einbeziehen, in denen zwar positiv, doch auch kritisch differenzierend Aufführung und Stück besprochen werden (vgl. Plett, S. 33–35; Knapp, S. 43–45; W/S, S. 199–204).

(4) Der kurze Ausschnitt aus der Besprechung des Stückes durch Fritz Rödel in der Ost-Berliner Zeitung vom 14. 2. 63 (Mat., S. 19–20) läßt die Schüler erkennen, wie Rezipienten, die einem anderen Gesellschaftssystem verpflichtet sind, andere Akzente setzen und sehen.
Fritz Rödel stellt fest, das Stück führe vor, „daß Chauvinismus und Rassenhaß unabhängig von Nationalität und Staatsform der modernen bürgerlichen Gesellschaft innewohnen. Die Bezüge auf den Adenauerstaat und seine ‚unbewältigte' Vergangenheit sind (…) nicht zu übersehen."
Die Schüler erkennen, daß Rödel in der Rostocker Inszenierung den Modellcharakter des Stückes betont sieht, und zwar in bezug auf „Chauvinismus und Rassenhaß".
Wenn im Geschichts- oder Sozialkundeunterricht der Klasse 10 der Marxismus noch nicht besprochen wurde, muß der Lehrer erklären, wieso diese Fehlhaltungen nach marxistischer Auffassung nur der „modernen bürgerlichen" Gesellschaft innewohnen. Schüler und Lehrer können dann darüber sprechen,
– ob diese Vorurteile Minderheiten gegenüber wirklich nur in der bürgerlichen Gesellschaft auftreten oder ob sie ein allgemein menschliches Problem sind,
– ob Frisch wohl nur die bürgerliche Gesellschaft mit seiner Kritik meint.

(5) Sabina Lietzmann (Mat., S. 20–21) berichtet über die negativen Kritiken der New Yorker Aufführung des Stückes und versucht dem deutschen Publikum zu erklären, warum das amerikanische Publikum das Stück durchfallen ließ. Sie verweist auf die verschiedenen Rezeptionsgewohnheiten und auf den unterschiedlichen gesellschaftlichen Erfahrungshintergrund. Das europäische didaktische Drama sei für das amerikanische Publikum noch „zu exotisch". Dieses Publikum sei auch von seiner gesamten Einstellung her mehr an realistische als an typisierende und symbolische Darstellung gewöhnt. Aber das Unbehagen an „Andorra" gehe über die Formprobleme noch hinaus. Bei den Amerikanern sei „instinktive Abwehr" dem Stück gegenüber festzustellen. Sie seien der Meinung, daß die gestalteten Probleme sie einfach nicht beträfen. „Daß rassistisches Vorurteil ein Übel sei und wozu es führen könne, habe man längst und allgemein begriffen, dazu brauche man Max Frisch nicht."
Die Verfasserin stellt weiter fest: „Die Massenverführung einer ganzen Gemeinde, eines ganzen Volkes gilt in dem Lande der heftigsten Konsumverführung als ausgeschlossen. Das Menetekel, das Frisch in ‚Andorra' setzt, gilt nichts in einem Lande, in dem das aufgeklärte Bild vom Menschen noch immer allerorten vorherrscht."
Auch diese Kritik läßt sich produktiv auswerten. Sie macht den Schülern einmal deutlich, daß die New Yorker Inszenierung das Schwergewicht auf die Darstellung des Rassismus gelegt hat, wobei eine rezeptionsbedingte Akzentverschiebung festzustellen ist: Die amerikanischen Zuschauer können ohne weiteres – im Gegensatz zu den deutschen, vom vorgeführten Beispiel des Antisemitismus abstrahieren und das Verhalten auf die

Einstellung den Negern gegenüber übertragen – wobei sie allerdings leugnen, daß dieses Beispiel zutrifft.

Die Schüler erkennen am Beispiel dieser Kritik außerdem, daß die Rezeption literarischer Texte nicht nur in anderen Gesellschaftssystemen anders ist, sondern daß sie auch in gleichen Systemen auf Grund unterschiedlicher historischer Erfahrungen und unterschiedlicher Rezeptionsgewohnheiten differiert.

(Z) Die Besprechung einer Aufführung des Stückes in Israel (W/S, S. 253–257) läßt die Schüler wieder eine andere Rezeptionsituation erkennen. Hier ist der Erfahrungshorizont auf tragische Weise anders, denn hier sitzen „im Zuschauerraum die Ankläger, nicht (…) die Angeklagten".

Auch in Israel werden nach Ansicht des Kritikers „mit diesem Stück offene Türen eingerannt". Er meint jedoch, das Stück sei „so stark, daß es über die Anklage hinaus auch auf ein Israelpublikum eine nachhaltige Wirkung üben kann". Allerdings müsse der unterschiedlichen Rezeptionssituation – die damaligen Opfer sehen das Stück – Rechnung getragen werden. „Was für die nichtjüdische Welt erst bewiesen werden muß, ist uns längst klar. So ergeben sich einige Längen, die (…) bei weiteren Vorstellungen vermieden werden können." Grotesk findet der israelische Kritiker auch den Beweisversuch, „daß die Juden gar nicht ‚anders' sind, sondern zum Anderssein gezwungen werden (…) Es gibt ja auch positiv Jüdisches."

Falls über diese Kritik durch ein Referat berichtet wird, erkennen die Schüler, daß der Rezensent in dem Stück „erstlinig eine Anklage gegen die Judenhasser, die Judenverfolger" sieht. Der Modellcharakter des Stückes wird also weniger gesehen. Der Rezensent kommt zu dem Schluß: „Trotz kleinen Einwänden kann man es (das Stück) dem israelischen Publikum warm empfehlen." (W/S, S. 257)

(6) Auf Grund der Teilergebnisse, die von Anzahl und Art der besprochenen Kritiken abhängen, kann jetzt mit den Schülern ein Gesamtergebnis erarbeitet werden.

Es ist einmal inhaltlicher Art und betrifft die Probleme, die in den Kritiken aufgezeigt bzw. in den Aufführungen den Hauptakzent tragen. Diese Probleme sollen in den folgenden Stunden im Zusammenhang mit allgemeineren Fragestellungen zur Sprache kommen und betreffen z. B.

– das Antisemitismusproblem (5., 14. Stunde)
– den Rassenhaß (14. Stunde)
– den Zeitbezug (10., 11., 14. Stunde)
– das – vermeintliche – Anderssein der Juden (6./7. Stunde)
– die Heterogenität des Stückes (3., 8., 10., 14. Stunde)

Als Hauptprobleme, für deren Behandlung eigene Stunden notwendig sind, erkennen die Schüler

– die Schuldproblematik: Thema der 12. und 13. Stunde (außerdem Aspekt aller Stunden der 2. Sequenz)
– den Modellcharakter: Thema der 14. Stunde (außerdem Aspekt der 6./7. Stunde)

Auf Grund der Leitfragen wird aber noch ein anderes Ergebnis gefunden, das mit den Gründen für die unterschiedliche Schwerpunktsetzung zu tun hat:

– Die Inszenierungen setzten je nach Aufführungsland unterschiedliche Schwerpunkte. Zum Teil wurden vom Regisseur Eingriffe in den Text vorgenommen.
– Die Kritiker hatten unterschiedliche Erwartungshaltungen und beurteilten danach die Aufführungen.

Die Schüler erkennen, daß jede Aufnahme eines Textes durch besondere Bedingungen beeinflußt ist. In der Schweiz spielen nationale Empfindlichkeiten ein Rolle. Die Kritiker in der Bundesrepublik meinen, endlich einen literarischen Beitrag zur Bewältigung der NS-Vergangenheit gefunden zu haben, und sehen deshalb über Schwächen des Stückes hinweg. DDR-Aufführung und Kritik sehen in „Andorra" einen Beweis dafür, daß die bürgerliche Gesellschaft Rassenhaß erzeugt, während, so läßt sich schließen, die sozialistische Gesellschaft dieser Gefahr enthoben ist. Das Durchfallen des Stückes in den USA erklärt sich aus dem Gefühl des Nicht-Betroffenseins infolge anderer historischer und sozialer Bedingungen und aus einem anderen Literaturverständnis heraus.

Damit sind einige Realisations- und Rezeptionsbedingungen den Schülern deutlich geworden:
— Herrschaftssystem und Ideologie
— historische Gegebenheiten und nationale Vergangenheit
— soziale und ökonomische Bedingungen
— persönliches Betroffensein und Problembewußtsein

Hausaufgabe

Als Hausaufgabe zum Zwecke der Inhaltssicherung sollen die Schüler in das vorbereitete Arbeitsblatt mit den Handlungsebenen und (leeren) Inhaltsspalten die Hauptthemen und -vorgänge der einzelnen Bilder bzw. die Personen vor der Schranke eintragen (vgl. Arbeitsblatt Stundenblatt S. 7). Dieses Arbeitsblatt kann während der gesamten Besprechung des Stückes als Orientierung und Inhaltsübersicht benutzt werden.

Außerdem können die Schüler als Vorbereitung zur Erörterung der Formprobleme den Aufsatz von Horst Steinmetz (Mat., S. 25–27) lesen. Er ist allerdings sehr anspruchsvoll im vorausgesetzten Hintergrundwissen sowie in seiner Begrifflichkeit, so daß seine Besprechung Zeit und starke Hilfen des Lehreres erfordert.

3. Stunde:
Die Struktur des Dramas

Vorbemerkungen

Im Mittelpunkt der Betrachtung der ersten Stunde stand die Entstehung des Stückes aus der Prosafassung, die zweite Stunde beschäftigte sich mit seiner Wirkung auf dem Theater. Die Schüler haben erkannt, daß unterschiedliche Interpretationen und somit unterschiedliche Schwerpunktsetzungen möglich sind, und haben erarbeitet, welche Schwerpunkte gesetzt wurden. Sie verstehen nun, daß es notwendig ist, sich selbst genauer mit dem Stück zu beschäftigen, seinen Inhalt und seine Struktur in den Griff zu bekommen, um so zu einer eigenen, vom Text her begründeten Interpretation zu gelangen.

Inhaltssicherung und Strukturierung des Textes, die in dieser Stunde geschehen sollen, stellen eine wichtige Grundlage für die folgende genaue Textanalyse dar. Außerdem werden in dieser Stunde die Einzelthemen für die folgende Sequenz erarbeitet.

Die Schüler sollen
— eine vertiefte Übersicht über den Inhalt des Dramas als Basis für die Interpretation gewinnen
— erkennen, daß das Drama aus Elementen der traditionellen Dramenform und solchen des epischen Theaters zusammengefügt ist
— erkennen, welche Intention mit dieser Struktur verbunden ist und welche Wirkung sie auf die Zuschauer ausübt
— erkennen, welche Themen durch Struktur und Inhalt des Stückes nahegelegt werden und genauer behandelt werden müssen

Stundenverlauf

(1) Damit das Bemühen der Schüler um die Erarbeitung des Inhalts zu einer gemeinsamen Basis führt, werden ihre Eintragungen in das Inhalts-Arbeitsblatt verglichen, korrigiert und evtl. ergänzt. Darüber hinaus können zwei Schüler den Auftrag übernehmen, die korrigierte Inhaltsübersicht auf große Blätter als „Wandzeitung" zu zeichnen. Auf diese Weise bleibt der Inhalt des Dramas während der gesamten Unterrichtsreihe optisch gegenwärtig, so daß man sich, wenn es notwendig ist, auf ihn beziehen und ihn auch ergänzen kann.

(2) Die Schüler sollen zuerst die Beziehungen erkennen, die zwischen den Personen bestehen, die im Mittelpunkt des Geschehens stehen und aus deren Verhältnis und Verhalten zueinander sich die Handlung entwickelt. Alle sind Mitglieder einer Familie und gehören der privat-häuslichen Sphäre an: Andri, Barblin, der Lehrer, die Mutter und die Senora. Sie legen im Gegensatz zu den andorranischen Bürgern keine Zeugenaussagen ab. „Die Handlung im häuslichen Bereich würde, auf sich allein gestellt, theoretisch als unabhängiges Drama bestehen können." (Jurgensen, S. 84) Diese Personen suchen nach ihrer Identität und stehen in komplizierten Doppelbeziehungen zueinander. „Andri ist Jude und Andorraner, Barblin erscheint als Schwester und Geliebte, der Lehrer versucht, gleichzeitig der Rolle eines Vormundes und natürlichen Vaters gerecht zu werden, die Mutter gehört zwar der Familie an, erweist sich jedoch für Andri als ‚Fremde', die Senora dagegen wird für eine ‚Schwarze' gehalten, entpuppt sich dann aber als wirkliche Mutter Andris." (Jurgensen, S. 85) Einige Figuren sind nur mit Namen bezeichnet: Andri, Barblin – ein Zeichen dafür, daß Frisch diese Figuren als Charaktere verstanden haben will, aus deren Individualität sich die Konflikte ergeben. Das Inzestproblem belastet zunehmend das Verhältnis Andris zu seinem Vater. Der Lehrer Can hat die Lüge über Andris Herkunft als Sohn jüdischer Eltern in die Welt gesetzt. Darin liegt seine Schuld, auf die in der 9. Stunde genauer eingegangen wird. Andri liebt Barblin, ohne zu wissen, daß sie seine Schwester ist. Er will sie heiraten, wird aber von Can abgewiesen und muß, da er die Wahrheit nicht weiß, meinen, dies geschehe wegen seines „Jud-Seins".

(3) Der nächste Unterrichtsschritt knüpft an ein Teilergebnis der ersten Stunde an: Frisch hat in sein Stück „Demonstrierszenen" eingebaut, in denen sieben Gestalten des öffentlichen Lebens in Andorra auftreten und bestimmte Verhaltensweisen zur Anschauung bringen. Dies sind: Pater, Soldat, Wirt, Tischler, Doktor, Geselle, Jemand. „Sie alle können kaum als echte Charaktere bezeichnet werden. Statt unabhängige Individuen zu verkörpern, repräsentieren sie in erster Linie die Gesellschaft, der sie angehören." (Jurgensen, S. 85) Ihnen eignet „ein undialektisches, geradezu chorisches Verhalten". (Knapp, S. 28) Was sie miteinander verbindet, ist vor allem die Tatsache, daß sich jeder von ihnen ein Bildnis von Andri und von Andorra gemacht hat. Frisch will durch diese Figuren typische Verhaltensweisen und Voreinstellungen einer Gruppe von Menschen, eines Kollektivs aufzeigen.
Das Vorurteil, das im Stück beispielhaft vorgeführt wird, ist der Antisemitismus. Verhalten und Tun dieser Figuren belasten zunehmend die Familienmitglieder und ihr Verhältnis zueinander und werden in der 5. und besonders in der 6./7. Stunde genauer analysiert.

(b) Auch der nächste Unterrichtsschritt greift Ergebnisse der 1. Stunde auf.
Um die Unbelehrbarkeit dieser Typen darzustellen, unterbricht Frisch mehrmals die Handlung und läßt die Andorraner von einem späteren Standpunkt aus, nach dem Geschehen, ihr Verhalten beurteilen und ent-

schuldigen. Sie treten dadurch aus ihrer Rolle heraus. Dieses Heraustreten ist ein Mittel zur Distanzierung und Verfremdung, das in der 11. Stunde genauer analysiert und im Zusammenhang diskutiert wird.

(4) Der Tafelanschrieb läßt die Schüler erkennen, in welcher Beziehung Andri zu den beiden Handlungssträngen steht. In seiner Figur verbindet Frisch die beiden Bereiche, den häuslichen und den öffentlichen. Der Lehrer Can gibt Andri als Judenkind aus und wird durch diese Lüge zum unfreiwilligen Gegenspieler Andris. Andri muß jetzt annehmen, daß sein vermeintlicher Pflegevater den gleichen Vorurteilen anhängt wie die übrigen Andorraner. Dadurch gerät er noch tiefer in die Isolierung und in Identitätsschwierigkeiten, so daß er schließlich so wird, wie die Andorraner ihn haben wollen. Diese sind als Kollektiv Gegenspieler Andris. Das Verhalten der Andorraner und Andris wird in der 5. und 6./7. Stunde genauer untersucht, das des Lehrers in der 9. Stunde. Die Schüler erkennen aber hier schon, was auch in der 2. Stunde bei der Besprechung der Kritiken deutlich wurde: „Der eigentliche ‚Gegenspieler' (…) ist eine Idee, der Antisemitismus (…)." (Hegele, S. 40)

(5) Der Tafelanschrieb macht den Schülern auch deutlich, wann und wo die beiden Handlungsstränge sich wieder vereinigen: in der Judenschau (12. Bild). Schon von dieser strukturellen Funktion her ist es wichtig, daß dieses Bild im Unterricht genauer analysiert wird. Dies geschieht in der 10. Stunde.
In diesem letzten Bild des Dramas treten außer der getöteten Senora alle Hauptpersonen und typisierten Figuren auf. Der Lehrer Can sagt jetzt zwar die Wahrheit, aber es ist zu spät, niemand will sie mehr wissen; auch die Aussage der Mutter, Andri sei Cans Sohn, wird nicht akzeptiert.
Andri wird als Jude abgeführt. Der Lehrer zieht die Konsequenzen aus seinem verfehlten Leben und erhängt sich. Die Andorraner bleiben dabei, daß Andri Jude sei. Ihre Haltung verändert sich nicht. Sie lehnen die Wahrheit ab und geben sich auch nach dem schrecklichen Geschehen keine Schuld. (Vgl. 11. Stunde)

(6) Da durch die Zeugenaussagen an der Schranke dem Zuschauer schon am Anfang angedeutet wird, daß Andri sterben muß, ergibt sich die Spannung, die das Stück zusammenhält, nicht aus der Unkenntnis des Ausgangs, sondern aus der Frage, „wie sich das Verhältnis von Wahrheit und Vorurteil weiter auswirkt". (Hegele, S. 41) Sie wird vom „Was" auf das „Wie" verlagert.
Die Schüler werden in ihrem Rezeptionsverhalten als Zuschauer angesprochen: Sie achten mehr darauf, wie es zu dem tragischen Ende Andris kommen konnte, und sie beobachten das Verhalten der Andorraner während des Geschehens noch sorgfältiger und empfinden das Mißverhältnis zwischen Anspruch und Wirklichkeit als noch grotesker, als wenn sie das Ende nicht wüßten.
Die Überlegung, welche der erarbeiteten Dramenelemente eher dramatisch und welche eher episch sind, hängt von den Vorkenntnissen der Klasse ab. Haben die Schüler vorher schon ein Stück von Brecht, etwa „Der gute Mensch von Sezuan", gelesen, so wissen sie, was unter „dramatischem" und „epischem" Theater zu verstehen ist. Ist das nicht der Fall, so muß der Lehrer die Begriffe erläutern: Die Handlung zwischen den Hauptpersonen entspricht den Grundsätzen der traditionellen Dramaturgie. Ein „Fall" steht im Mittelpunkt, Konflikte ergeben sich aus den Beziehungen der Personen zueinander, sogar eine Liebesbeziehung wird gestaltet.
Mit diesem „dramatischen" Handlungsstrang sind „epische" Elemente verbunden. Dies sind Szenen – besser: „Bilder" – ohne dramatischen Aufbau. Das Geschehen läuft in ihnen nicht dramatisch auf Höhepunkt,

„Katastrophe" und Lösung zu, sondern es wird gewissermaßen „erzählt", um bestimmte Sachverhalte oder Verhaltensweisen zur Anschauung zu bringen, zu „demonstrieren". Dahinter steht eine didaktische Intention.

Auf Grund dieser Informationen erkennen die Schüler, daß den „Demonstrierszenen" eine gewisse Selbständigkeit zukommt. Sie sollen den Zuschauer zum Nachdenken über die Ereignisse und ihre Ursachen veranlassen und sind ein Mittel des epischen Theaters. Auch die Zeugenaussagen an der Schranke haben Demonstrationscharakter: Unbelehrbarkeit, Starrheit, Böswilligkeit werden als schuldhafte Verhaltensweisen vorgeführt. Das Heraustreten aus der Rolle, die Wendung an das Publikum ist ein episches Element: Der Zuschauer soll durch dieses Mittel desillusioniert, zum Nachdenken gebracht und aktiviert werden.

Die Verbindung dramatischer und epischer Elemente läßt im Zuschauer eine zwiespältige Haltung entstehen. Einmal identifizieren sie sich mit den Hauptpersonen und fühlen sich in deren Denken und Handeln ein. Andererseits werden sie in eine gewisse Distanz zum Geschehen versetzt, indem ihnen Verhaltens- und Denkweisen vorgeführt werden, die sie analysieren, beurteilen und mit ihren eigenen vergleichen können. Frisch will auf diese Weise die Ziele des traditionellen mit denen des epischen Theaters verbinden und die Schwächen beider Formen vermeiden. Inwieweit ihm dies gelungen ist, hängt vom Urteil des einzelnen Rezipienten ab und kann mit den Schülern diskutiert werden.

(Z) Eine Ergänzung und Vertiefung dieser Gattungsproblematik kann durch die Besprechung des Textes von Horst Steinmetz: Frisch und Brecht (Mat., S. 25–27) geschehen. Evtl. kann auch Brechts Gegenüberstellung der Kennzeichen des epischen und des dramatischen Theaters erläutert bzw. wiederholt werden (vgl. Brecht, S. 15 f.).

Brechts episches Bestreben kann durch den Anfang seines Stückes „Der gute Mensch von Sezuan" veranschaulicht werden (edition suhrkamp Nr. 73, S. 7).

Anhand der Inhaltsübersicht und des Tafelanschriebs können die Schüler erkennen, welche Teilprobleme und Bilder besprochen bzw. analysiert werden müssen:
- das erste Bild wegen seines Expositionscharakters
- das Verhalten der Andorraner Andri gegenüber
- die Reaktion Andris auf dieses Verhalten
- das Verhalten des Lehrers
- das letzte Bild wegen seines Schlußcharakters
- die Zeugenaussagen der Andorraner.

Hausaufgabe

Das in der nächsten Stunde zu behandelnde Thema, die Analyse des 1. Bildes in seinem Expositionscharakter, setzt genaue Textkenntnis voraus. Deshalb sollen die Schüler
- einmal den Text genau lesen
- dann schriftlich darstellen, wie Andorra von verschiedenen Personen beschrieben wird und
- herausarbeiten, welche Konflikte ihrer Ansicht nach schon im 1. Bild deutlich werden.

Bei dieser schriftlichen Vorbereitung des Textes mit Hilfe von Leitfragen stellen die Schüler schon das Material bereit, das interpretiert werden soll, und tragen dazu bei, daß der Unterricht entlastet wird und sich auf die Herausarbeitung der Bedeutungen und Probleme konzentrieren kann.

2. Sequenz:
Analyse des Textes

Die zweite (umfangreichste) Sequenz der Unterrichtseinheit beschäftigt sich eingehend mit der Analyse des Textes auf der Grundlage der in der dritten Stunde erarbeiteten Fragestellungen und Probleme.

Wegen seines Expositionscharakters wird zuerst das 1. Bild analysiert (4. Stunde). In ihm werden die Personen vorgestellt und die Konflikte zwischen den Personen bzw. Gruppen schon angedeutet.

Der Hauptkonflikt besteht offensichtlich im Verhalten der Andorraner Andri gegenüber sowie in dessen Reaktion dem „Bildnis" gegenüber, das sie ihm vorhalten. In den drei folgenden Stunden wird deshalb die Bildnisproblematik mit ihren beiden Aspekten untersucht: Zuerst wird erarbeitet, wie sich die Andorraner Andri gegenüber verhalten, welches Bild sie sich von Andri machen und in welchem Verhältnis sie selbst zu diesem Bild stehen (5. Stunde). Anschließend wird aufgezeigt, wie Andri in seiner Persönlichkeitsentwicklung so stark durch dieses Klischee beeinflußt wird, daß er sich ihm schließlich anpaßt und die „Rolle" des Juden nicht mehr aufgeben will (6./7. Stunde)

Zur Vertiefung dieser Problematik werden den Schülern zwei Textausschnitte von Frisch (aus dem „Tagebuch 1946–1949") und Brecht vorgelegt, die sich ebenfalls mit dem „Bildnis"-Problem auseinandersetzen.

In diesem Zusammenhang erfahren die Schüler, daß Frisch in seinem Tagebuch das Bildnisproblem als ein Problem fehlender Liebe dem Mitmenschen gegenüber sieht, während Brecht auch „produktive" Bildnisse anerkennt (8. Stunde). Die Interpretation der beiden Texte trägt einmal zur Verallgemeinerung der Problematik des Stückes bei, sie läßt außerdem die Schüler die Verknüpfung der beiden Problembereiche (Identitäts- und Antisemitismusproblem) erkennen.

Sie sollte deshalb nicht wegfallen und kann, falls die Zeit knapp ist, evtl. als Schülerreferat, im Zusammenhang mit dem Verhalten der Andorraner oder Andris (5. oder 6./7. Stunde) behandelt werden. Die Darstellung des Verhaltens des Lehrers, des unfreiwilligen personalen Gegenspielers von Andri, schließt sich an und läßt die Schüler erkennen, daß auch er sich „Bildnisse" gemacht hat (9. Stunde).

Das Stück endet mit der „Judenschau" (12. Bild). Die Schüler haben in der 3. Stunde erkannt, daß sich hier Strukturelemente, Konflikte und Personen vereinigen: Der „Fall" Andri wird gelöst, das Verhalten der Andorraner in einer Extremsituation überdeutlich demonstriert. Die Analyse dieses Schlußbildes (10. Stunde) ist von besonderer Bedeutung für die Erarbeitung der Intention des Dramas.

Bis jetzt wurde das Verhalten der Andorraner während des Geschehens analysiert und beurteilt. Die zusammenfassende Betrachtung ihrer Zeugenaussagen (11. Stunde) macht deutlich, daß sie nichts dazugelernt haben und auch nach den Ereignissen keine Schuld anerkennen wollen.

Mit dieser 11. Stunde schließt die Sequenz primär textbezogener Arbeit und leitet über zur verallgemeinernden Betrachtung der Schuldproblematik, die als wichtiges Thema schon bei der Besprechung der Theaterkritiken (2. Stunde) erkannt wurde.

4. Stunde:
Die Ausgangssituation (1. Bild)

Vorbemerkungen

Es wurde schon darauf hingewiesen, warum es sinnvoll ist, das erste Bild gesondert zu besprechen:

Es erfüllt die Funktion des ersten Aktes im klassischen Drama, hat also Expositionsfunktion. Der Zuschauer erhält Informationen über den Ort des Geschehens und Einblick in die Ausgangssituation. Außerdem werden die Personen vorgestellt und, damit verbunden, die verschiedenen Konflikte, die später ausbrechen, schon als Spannungen angedeutet.

Als motivierender Einstieg bietet sich an, den Anfang des 1. Bildes von der Schallplattenaufnahme des Dramas vorzuspielen.

Die Schüler sollen in dieser Stunde erkennen,
- welche politischen, gesellschaftlichen und persönlichen Spannungen, die später zu Konflikten werden, in Andorra zwischen Einzelpersonen und Gruppen bestehen.
- wie die Personen und Gruppen sich diesen jetzt schon angedeuteten Konflikten gegenüber verhalten.

Die Schüler sollen in dieser Stunde schon ansatzweise erkennen,
- mit welchen sprachlich-stilistischen Mitteln der Verfasser die Verhaltensweisen der Personen und Gruppen verdeutlicht und die späteren Ereignisse andeutet.

Auf diese sprachlichen und stilistischen Mittel wird in der 13. Stunde („Symbolik") genauer eingegangen. Kann dies nicht geschehen, so muß in dieser Stunde intensiver auf die funktionale Bedeutung sprachlicher Eigentümlichkeiten (Symbole) eingegangen werden.

Stundenverlauf

(1a) Als Einstieg wird den Schülern der Anfang des 1. Bildes (bis S. 10 unten) vorgespielt. Sie erkennen, wie sich schon in diesen wenigen Dialogen Spannungen und Konflikte ausdrücken:

- Der Soldat hat es auf Barblin abgesehen, die aber „verlobt" ist (7).
- Sie scheut sich aus irgendeinem Grund, ihren Verlobten zu nennen (7).
- Der Soldat ist zuversichtlich, Barblin zu „bekommen", obwohl sie ihn nicht „mag" (8).
- Der Soldat befürchtet, daß ein „Platzregen" das „schneeweiße" Andorra bedroht (9).
- Barblin spricht von den „Schwarzen", die Andorra bedrohen (10).
- Der Lehrer trinkt aus irgendwelchen Gründen (10).
- Der Pater spricht davon, daß Andri „noch" nicht verfolgt wird (10).

(b) Auf der Basis der HA 2 wird beschrieben, wie Andorra von seinen Bewohnern gesehen wird:

Andorra ist ein kleiner, überschaubarer (Dorf-)Staat, dessen Vorzüge und Nachteile der Pater beschreibt. In dem „schönen", aber „armen" Land sind die „Täler (…) eng" und die „Äcker (…) steinig und steil" (11). Die Bewohner achten die kirchlichen Bräuche: Anläßlich des „Sanktgeorgentags" beteiligen sie sich an einer Prozession (18) und „weißeln" ihre Häuser (8). Hinter der naiven Freude am Hausputz wird die „alte, magisch-kultische Vorstellung, daß eine äußerlich vorgenommene Veränderung auch eine innere Wandlung zur Folge habe", deutlich. (Eckart, S. 43) Die „rote" Erde, aus der diese Häuser, wie auch die Kirche, gebaut sind, wird aber nur vorläufig und oberflächlich mit der weißen Farbe zugedeckt. Der Schluß liegt nahe, daß das naive Weißwaschen vergeblich ist, „weil hier in Wirklichkeit nicht gereinigt, sondern nur verhüllt, übertüncht wird". (Eckart, S. 43) Dieser Symbolik des Verbergens der Wahrheit entspricht die Symbolik der Enthüllung: Wenn ein „Platzregen" kommt, dann wird die „schneeweiße Tünche" wieder „herabgesaut", als „hätte man eine Sau darauf geschlachtet" (9).

(c) Dann wird dargestellt, wie sich das Geschehen im 1. Bild nach den Anfangsdialogen weiter entwickelt bzw. welche Situationen dargestellt werden. Die Schüler ergänzen die anfangs schon genannten Spannungen und Konflikte, indem sie auch die weiteren Geschehnisse des 1. Bildes in ihre Überlegungen einbeziehen (HA 3). Sie erkennen, daß diese Konflikte zwar noch verdeckt sind, aber jetzt schon im Verhältnis der Andorraner Andri und dem Lehrer gegenüber spürbar werden. Sie beeinflussen auch die Persönlichkeit Andris sowie sein Verhältnis zum Soldaten und auch dessen Verhalten Barblin gegenüber. In diesem Zusammenhang wird auch der Konflikt deutlich, den alle fürchten: die Invasion der „Schwarzen".

Die Schüler erkennen, daß diese Konflikte verschiedene Bereiche betreffen, und zwar
– den politischen Bereich: Spannung zwischen Andorra und einer fremden Macht (den Schwarzen)
– den gesellschaftlichen Bereich: Spannungen zwischen den Andorranern und Andri sowie den Andorranern und dem Lehrer
– den persönlichen Bereich: Spannungen zwischen dem Soldaten und Barblin, dem Soldaten und Andri sowie in Andri selbst.

Diese verschiedenen Konfliktbereiche, die miteinander zusammenhängen, werden in den nächsten Unterrichtsschritten genauer untersucht.

(2) Zuerst werden die politischen Spannungen genauer untersucht, da sie sowohl den gesellschaftlichen als auch den persönlichen Bereich beeinflussen: Später wird Andri auf Druck der Schwarzen von den Andorranern preisgegeben und von den Schwarzen getötet (vgl. 10. Stunde).

Das Motiv der Angst vor der Invasion der „Schwarzen" durchzieht das gesamte erste Bild. Schon sehr früh äußert Barblin dem Pater gegenüber die Besorgnis: „Sie werden uns überfallen, die Schwarzen da drüben, weil sie neidisch sind auf unsere weißen Häuser."

(10) Es ist den Andorranern auch bekannt, daß die „Schwarzen" die Juden vernichten, denn der Lehrer, so heißt es, hat ein Judenkind vor ihnen gerettet und wie seinen Sohn aufgezogen. (24) Deshalb ist Barblin um Andri besorgt.

Sie fragt den Pater, ob es stimme, daß die Schwarzen den Juden töteten: „Man bindet ihn an einen Pfahl, sagen sie, man schießt ihn ins Genick." (12) Frisch verweist hier schon auf Andris Schicksal und deutet auch das von Barblin an, wenn er sie weiterfragen läßt: „Und wenn er eine Braut hat, die wird geschoren, sagen sie, wie ein räudiger Hund." (12) Diese Angst vor den Schwarzen drückt sich auch in den Bemerkungen aus, mit denen die Andorraner die Atmosphäre kennzeichnen. Pater und Soldat fürchten einen „Platzregen". (9) Der Jemand sagt: „Es hängt etwas in der Luft" (12) und meint damit vordergründig „ein schweres Gewitter, dem Land tät's gut…" (13) Die Angst hat schon zu konkreten Maßnahmen geführt: Die Prozession wird von aufgepflanzten Bajonetten begleitet (18), Durchhalteparolen sind offensichtlich ausgegeben worden: „lieber tot als Untertan" (19, 22) meint der Soldat, der „bis zum letzten Mann" kämpfen will (19) und sich später ohne Überlegung in den Dienst der Feinde stellt.

(3 a) Die Äußerungen der Andorraner Andri und dem Lehrer gegenüber lassen die Schüler erkennen:

Der offene Antisemitismus der „Schwarzen" findet im latenten Antisemitismus der Andorraner seine Vorstufe und vorerst harmlose Entsprechung. Sie hatten zwar damals die Heldentat des Lehrers „großartig" (24) gefunden, machen dem „Judenkind" (24) Andri aber deutlich, daß er keiner der ihren und somit anders sei. Der Tischler wundert sich darüber, daß Andri dieses Handwerk lernen will. „Das ist nicht einfach, wenn's einer nicht im Blut hat." (13) Der Wirt hat nichts gegen Andri, aber er ist für ihn „eine

Ausnahme" (16), d.h. er ist zwar ein Jude, verhält sich aber nicht so, wie es die andern seiner Meinung nach tun. Der Soldat verzichtet auf diese Rücksichten, um die sich der Wirt noch bemüht. Er sagt kurz und brutal: „Ich bin Soldat, das steht fest, und du bist Jud." (20)

(b) Die Gestalt Cans ist für die Schüler noch nicht eindeutig zu beurteilen.

Der Lehrer scheint anders zu sein als die Andorraner und durchschaut ihre Haltung. Er weiß ja, daß Andri kein Jude ist, hat dies aber noch nicht zu sagen gewagt. Sein Zustand – er ist betrunken – weist darauf hin, daß er Probleme hat.

Es ist für ihn schwierig, seinem Sohn die gewünschte Tischlerlehre zu erkaufen. Der Tischler verlangt zuviel Geld, da er Andri, den „Juden", der es „nicht im Blut hat", nicht ausbilden will, was der Lehrer kommentiert: „Sie werden sich wundern, wenn ich die Wahrheit sage. Ich werde dieses Volk vor seinen Spiegel zwingen, sein Lachen wird ihm gefrieren." (15) Offensichtlich hat er vor, die Vorurteile der Andorraner Andri gegenüber als unsinnig und unberechtigt zu entlarven, indem er ihnen bald die Wahrheit sagt. Dafür spricht auch seine Äußerung: „Sie werden ihr eigenes Blut noch kennenlernen." (15) Frisch deutet kommende Ereignisse symbolisch an: Der Lehrer sieht den Pfahl, von dem auch Barblin gesprochen hat, visionär vor sich (13, 14, 16). Dieser Pfahl kann vorläufig als Sinnbild für das kommende Leid Andris verstanden werden. Seine Bedeutung wird später (13. Stunde) genauer untersucht.

(4 a) Die Schüler können auf Grund des 1. Bildes allein noch nicht das problembeladene Verhältnis Andris zu Can erkennen. Aus ihrer Kenntnis des Gesamtgeschehens heraus wissen sie jedoch um den Persönlichkeitskonflikt Andris als Pflegesohn Cans einerseits und natürlicher Sohn andererseits und können feststellen, daß auch dieser Konflikt schon im 1. Bild angedeutet wird:

Can macht die Wahrheit über Andris Herkunft durch einen Versprecher deutlich, den allerdings die Zuschauer zu diesem Zeitpunkt noch nicht durchschauen können: „Nämlich es handelt sich um meinen Sohn. (...) – um meinen Pflegesohn meine ich." (13) Andris problematisches Verhältnis zu Barblin wird hier schon angedeutet. Als Pflegesohn wäre Andri zwar Jude, dürfte Barblin jedoch lieben; als Sohn ist die geschlechtliche Liebe zu Barblin tabuisiert. Als Jude hätte er also kein Tabu zu befürchten – wenn die Wahrheit bekannt wäre und er sie akzeptieren würde.

Auch dieses Problem deutet Frisch in diesem Bild schon an:

Soldat: Wo ist sie?

Andri: Wer?

Soldat: Deine Schwester. (19)

Andri: Ich habe keine Schwester.

Von dieser Aussage rückt Andri nicht mehr ab, auch dann nicht, als er die Wahrheit erfährt.

(b) Die Schüler erkennen jetzt, wie die gesellschaftlichen Spannungen direkt den persönlichen Bereich beeinflussen:

Die Vorurteile der Andorraner dem vermeintlichen Juden Andri gegenüber verstärken den Konflikt, den Andri mit seinem Rivalen, dem Soldaten, austragen muß. Der Soldat stellt Barblin offen und ungeniert nach: „Wo hast du deine Kammer?" (9) Sie verteidigt sich zwar mit dem Hinweis, verlobt zu sein, wagt jedoch nicht, Andri als Bräutigam zu nennen, da sie wohl fürchtet, der Soldat werde Andri als Juden und Küchenjungen verachten. Dies tut er auch. Er sagt Andri, er habe „ein Aug auf sie" (19), diskriminiert ihn mit primitiven antisemitischen Klischees: „ein Jud muß sich beliebt machen" (20), „so'n Jud denkt alleweil nur ans Geld" (21), demütigt ihn, indem er ihm ein Bein stellt und ihm das Geld aus der Hand schlägt (21) und beleidigt mit obszönen Bemerkungen seine Gefühle für Barblin. (23) Die Schüler erkennen: Auch das Verhalten des Soldaten hat vorausdeutenden Charakter: Später wird er Barblin vergewaltigen und im Dienst der Schwarzen an Andris Tod beteiligt sein.

(5 a) Im letzten Unterrichtsschritt wird die Frage beantwortet, wie sich die Andorraner den Konflikten gegenüber verhalten. Vor den „Schwarzen" haben sie Angst. Es wurde schon darauf hingewiesen, daß die Prozession mit Waffen begleitet wird und der Soldat mit Durchhalteparolen reagiert. Die Andorraner wollen die Bedrohung nicht wahrhaben und ignorieren sie. Diese – unbewußte – Taktik wird als „Verdrängung" gekennzeichnet. Der Lehrer informiert die Schüler über die Bedeutung dieses Begriffs: Impulse, Gefühle, Phantasien, die das Ich in Konflikt mit seinem Gewissen oder seiner Umwelt bringen, werden aus dem Bewußtsein „verdrängt". Auf diese Technik sozialer Abwehr wird in den Stunden 10, 11 und 12 noch genauer eingegangen.

Sprachrohr dieser Verdrängungstaktik ist der Pater, wenn er sagt: „Warum sollen sie uns überfallen?" (11) Er erkennt auch nicht die Gefahren, die der latente Antisemitismus der Andorraner in sich birgt, und versteht nicht, warum der Lehrer meint, die Andorraner seien nicht besser als die „Schwarzen" (10), wo sie doch damals, als die „Schwarzen" die Juden vernichteten, „Kleider gesammelt" haben „für die Flüchtlinge da drüben." (10) Er will Barblin, die die Verdrängungstechnik nicht beherrscht und wegen ihrer Liebe zu Andri wohl auch nicht beherrschen kann, trösten: „Kein Mensch verfolgt euren Andri –."

Aber die Sprache verrät ihn, wenn er fortfährt:

„ – noch hat man eurem Andri kein Haar gekrümmt." (10)

(b) Der Pater erkennt nicht, was den Schülern in dieser Szene schon beklemmend deutlich wird: Der latente Antisemitismus der Andorraner bedarf nur eines geringen Anstoßes von außen, um manifest zu werden

und den Tod Andris herbeizuführen. Dieser Anstoß wird, so läßt Frisch den Zuschauer durch die Fülle von Andeutungen ahnen, von den „Schwarzen" kommen. Sie haben schon einmal, in ihrem Land, die Juden vernichtet. Fallen sie in Andorra ein, was alle befürchten, was „in der Luft" liegt, so droht Andri das gleiche Schicksal. Noch aber wird die Gefahr verdrängt und das Vorurteil geleugnet. Der Zuschauer erkennt jedoch schon in diesem ersten Bild, wohin Vorurteile und Klischees, Bilder, die man sich von einem Menschen macht, letztlich führen können: zum Tod dieses Menschen.

Hausaufgabe

Die Analyseergebnisse dieses Bildes legen es nahe, sich genauer mit dem Verhalten der Andorraner gegenüber Andri sowie mit dem „Bildnis", das sie sich von ihm und von sich selbst machen, zu beschäftigen. Diesem Zweck dienen die vier Leitfragen, die von je einer Schülergruppe schriftlich zu beantworten sind:

1. Welche „Bilder" machen sich die Andorraner von Andri?
2. Welche Eigenschaften und Verhaltensweisen kennzeichnen Andri anfangs?
3. Wie sehen sich die Andorraner selbst?
4. Wie verhalten sie sich tatsächlich?

Damit mit klaren Begriffen gearbeitet werden kann, sollen sich außerdem alle Schüler an Hand der ihnen zur Verfügung stehenden Wörterbücher informieren, was unter „Stereotyp", „Vorurteil" und „Projektion" zu verstehen ist.

5. Stunde:
Das Verhalten der Andorraner

Vorbemerkungen

In den bisherigen Stunden, besonders aber in der vierten, wurde herausgearbeitet, daß es Frisch vor allem um die Darstellung des Verhaltens der Andorraner Andri gegenüber, um das „Bildnis", das sie sich von ihm machen, sowie um Andris Reaktion auf dieses „Bildnis" geht.

Die Bildnisthematik taucht als Doppelproblem auf: „als Versündigung derer, die den Menschen entsprechend ihrem Vorurteil festlegen, und als innere Not dessen, der, um mit sich selbst ins reine zu kommen, den Entwurf der Umwelt akzeptiert." (Petersen, S. 77)

Mit dem ersten Teilproblem dieses Wechselverhältnisses beschäftigt sich diese, mit dem zweiten Aspekt die 6./7. Stunde. Wegen der zentralen Bedeutung des Bildnisproblems für das Verständnis des gesamten Stückes haben diese Stunden ein besonderes Gewicht innerhalb der Unterrichtseinheit.

Zur Kennzeichnung und Erklärung der miteinander verbundenen Verhaltensmechanismen trägt die Verwendung von Begriffen aus der Soziologie bei. Die Bedeutung von „Vorurteil" und „Stereotyp" soll zuerst anhand der von den Schülern gefundenen Definitionen erarbeitet und mit der Bedeutung des von Frisch verwendeten Begriffs „Bildnis" verglichen werden, bevor auf der Grundlage der Arbeitsergebnisse der einzelnen Hausaufgabengruppen das Verhalten der Andorraner Andri gegenüber und das Bild, das sie sich von ihm und von sich selbst machen, beschrieben werden.

Auch der Begriff „Projektion" wird in seiner psychologischen Bedeutung als Abwehrmechanismus erklärt und bei der Interpretation des Verhaltens der Andorraner verwendet.

Die Schüler sollen erkennen,
– in welcher Bedeutung die Begriffe „Stereotyp", „Vorurteil", „Bildnis" und „Projektion" zu verstehen sind
– welches Bild sich die Andorraner von Andri und den Juden machen und wie sie zu dieser Einstellung gekommen sind
– daß Andri anfangs in seinem Verhalten dem positiven Bild entspricht, das sich die Andorraner von sich selbst machen
– daß und warum die Andorraner ihre negativen Eigenschaften und Verhaltensweisen auf Andri projizieren.

Stundenverlauf

(1) Um zu einem einheitlichen und sachgemäßen Sprachgebrauch für die Beschreibung und Interpretation des Verhaltens der Andorraner Andri gegenüber zu gelangen, werden zu Beginn der Stunde die dazu notwendigen Begriffe auf der Grundlage der von den Schülern nachgeschlagenen Definitionen erläutert: „Stereotyp" ist die Bezeichnung für relativ überdauernde, starre und festgelegte Vorstellungen in bezug auf sich selbst und andere Menschen, die nicht aus einer aktuellen Bewertung entstanden sind.

„Vorurteil" ist die Bezeichnung für eine vorgefaßte Meinung in bezug auf Menschen ohne Prüfung der Tatsachen. Diese Bedeutung können die Schüler auch dem alltäglichen Sprachgebrauch entnehmen.

„Stereotyp" und „Vorurteil" sind, so können die Schüler meinen, zwei Begriffe für die gleichen Verhaltensweisen. Der Unterschied muß vom Lehrer erläutert werden: „Stereotyp" und „Vorurteil" sind zwar beide allgegenwärtig und weisen die gleiche Dialektik auf, sie sind jedoch nicht ganz identisch. Die Sozialpsychologie akzeptiert „Stereotype als notwendige Kategorien menschlicher Wahrnehmung (…); das ethische Verdikt betrifft erst die Vorurteile. – Vorurteile (…) sind Stereotypen, die sich gegen jede Überprüfung sperren; Vorurteile im engeren Sinne werden darüber hinaus zur Diffamierung von Angehörigen einer Fremdgruppe benutzt. Das Heterostereotyp der Andorraner von Andri (…) qualifiziert sich als Vorurteil (…)." (F/S, S.41)

Wenn Frisch nun von „Bildnis" spricht, so meint er mit diesem Begriff eher das Vorurteil als das Stereotpy, denn er versteht darunter „jede Aussage über einen Menschen, die ihn als unveränderlich festlegt, ‚an den Pfahl‘ bringt (68), möge man nun glauben, ihn aus persönlichem Umgang (Stiller!) oder auf Grund seiner Gruppenzugehörigkeit (Andri!) zu kennen". (Eckart, S.55)

Die Schüler werden darauf hingewiesen, daß Frischs Verständnis von „Bildnis" genauer anhand eines Tagebuchtextes (Mat., S.13–15) in der 8.Stunde erläutert wird. Falls auf diese ausführliche Besprechung verzichtet werden muß, stellt der Lehrer an dieser Stelle des Unterrichts die Hauptgedanken des Tagebuchtextes dar.

Die Begriffe „Heterostereotyp" (bzw. „Autostereotyp") werden nicht im Unterricht verwendet. „Fremdbild" (bzw. „Selbstbild") lassen die Schüler deutlicher erkennen, was gemeint ist.

(2) Auf der Basis der von der 1.Gruppe angefertigten Hausaufgabe wird erarbeitet, wie die Andorraner ihr „Bildnis" vom Juden auf Andri übertragen: Juden erkennt man schon am Gang (109) sowie an der Geste des Händereibens (30), die als typisch jüdischer Ausdruck für Freude gilt. Auch die Interessenrichtung der Juden ist eindeutig, wie der Soldat weiß: „So'n Jud denkt alleweil nur ans Geld." (21) Außerdem sind Juden feige, und auch Andri muß es sein, weil er eben „Jud" ist. (22) Als feiger Jude muß er unterwürfiges Verhalten an den Tag legen, sich „beliebt machen". (20) Das Gefühlsleben der Juden ist verkümmert. Andri ist deshalb zwar „geil,

aber ohne Gemüt". (25) Sogar der Pater meint, bei Juden sei Verstand wichtiger als Gefühl, als er Andri dazu bringen will, seine „Rolle" zu akzeptieren. (64) Besonders unangenehm für einen „schlichten Andorraner" wie den Doktor ist der jüdische Ehrgeiz: Die Juden „hocken auf allen Lehrstühlen der Welt". (40) Außerdem sind sie humorlos (42) und handwerklich völlig ungeschickt: Sie „haben's nicht im Blut" und sollten besser „zur Börse" gehen. (13) Der Gegenbeweis wird einfach nicht zur Kenntnis genommen (32), da man von liebgewonnenen Vorurteilen nicht abrücken will und sich noch Gewinn davon verspricht, wenn der „Jude" in „den Verkauf" geht. (32) „Das ist's, was deinesgleichen im Blut hat", meint der Tischler und greift mit dieser rassistischen Einstellung in das Arsenal der völkischen „Kulturkritik", aus dem die meisten Vorurteile und Klischees stammen.

Frisch demonstriert in den ersten sechs Bildern, wie der „Mechanismus des Vorurteils wirkt" (Durzak, S.226) und ein negatives Heterostereotyp entstehen läßt.

(Z) Zusätzlich kann an dieser Stelle auf die Entstehung einiger antisemitischer Vorurteile auf Grund bestimmter historisch-sozialer Verhältnisse verwiesen werden (Lehrervortrag):

Christen durften im Mittelalter kein Geld für Zinsen verleihen. Juden wurden nicht in die Handwerkerzünfte aufgenommen. Auf diese Weise ergab sich, daß die Juden sich auf Geldgeschäfte verlegten. Sie mußten hohe Zinsen nehmen, da sie kaum Sicherheiten hatten und oft ausgeplündert wurden, und zogen sich so den Haß ihrer Schuldner zu. Auf ihre soziale Sonderstellung im Mittelalter und in der Neuzeit sowie auf ihre Emanzipation vom nicht immer geduldeten, rechtlich stark eingeschränkten Bevölkerungsteil zum gleichberechtigten Staatsbürger kann eingegangen werden. Evtl. kann hier auch ein Schülerreferat eingesetzt werden.

(3) Andris tatsächliches Verhalten (Hausaufgabe der Gruppe 2) steht im Gegensatz zu diesem negativen Stereotyp der Andorraner, auch wenn er offensichtlich die Geste des Händereibens angenommen hat (30). Er verschwendet sein Trinkgeld im Orchestrion (12). Er ist nicht nur so bescheiden, daß er den „andorranischen Beruf" (38) des Tischlers erlernen will (37) und nicht zu den „Lehrstühlen der Welt" (40) strebt, sondern er ist auch noch handwerklich so geschickt, daß er einen mustergültig verzapften Stuhl herstellen kann (33).

Die Schüler erkennen weiter, daß Andri sich anfangs den Andorranern gegenüber zurückhaltend und bescheiden verhält. Als ihm jedoch in der Stuhl-Affäre offen Unrecht geschieht, vertritt er mutig seinen Standpunkt (34 f.). Er wagt später sogar die körperliche Auseinandersetzung mit den Soldaten trotz der Übermacht (74).

Andris Verhalten gegenüber Barblin macht deutlich, daß er echter Gefühle und der Liebe fähig ist. Wäre er, wie unterstellt wird, „geil", so „hätte er Barblin längst verführt". (Ekkart, S. 58) Andri will genauso sein wie die übrigen andorranischen Jungen und Fußball spielen (30).

Andris Eigenschaften und Verhaltensweisen sind positiv zu bewerten. Frisch will an seinem Beispiel die Unsinnigkeit antisemitischer Klischeevorstellungen deutlich machen. Andri ist „andorranischer" als die Andorraner, aber diese sehen ihn nicht als den, der er in Wirklichkeit ist, sondern als den, der er ihrer Ansicht nach ist: Jude. Auf ihn übertragen sie das negative Heterostereotyp, das sie von Juden gehört haben bzw. das sie sich selbst gemacht haben. Der Lehrer fragt mit Recht: „Woher wißt ihr alle, wie der Jud ist?" (15).

(Z) An dieser Stelle wird ein Problem der Figurenkonzeption deutlich: Andri ist eben kein Jude. Man kann sich fragen, ob der Nicht-Jude Andri die Unsinnigkeit antisemitischer Vorurteile nachweisen kann oder ob dazu ein „echter" Jude nicht geeigneter wäre. Die Schüler können sich mit diesem Problem in Stillarbeit beschäftigen und dann ihre Überlegungen vortragen.

(4) Auf der Grundlage der Hausaufgabe der Gruppe 3 wird erarbeitet, welches „Bildnis" sich die Andorraner von sich selbst machen (Autostereotyp). Sie sind, wie der Wirt meint, „gemütliche Leute" (15), Grundlage ihres Wesens ist das Gefühl (64). Dazu paßt, daß sie, wie der Tischler beteuert, großzügig sind und nicht feilschen (14). Das brauchen sie auch nicht zu tun, denn sie arbeiten in „andorranischer Eiche", mit der man aufgewachsen sein muß, um es zu der handwerklichen Geschicklichkeit zu bringen, die nur Andorranern möglich ist (32 f.).

Aber Andorraner haben noch mehr positive Eigenschaften. Sie sind schlichte, bescheidene Menschen (40) und lehnen – der Doktor sieht sich als Beispiel – Titel ab: „Bei uns gilt ein jeder, was er ist" (38). Diese Äußerung wirkt besonders grotesk, wenn man an das Verhalten dieser schlichten Menschen Andri gegenüber denkt.

Aber Andorraner sind andererseits auch stolze Menschen und machen „keine Bücklinge" (38), Angst haben sie nicht, wie der Soldat betont (22). Diese tapferen Menschen und heimatverwurzelten Patrioten (39) besitzen damit die besten Voraussetzungen für eine Verteidigung ihres „freien Landes" (39). „Lieber tot als Untertan" lautet denn auch der Wahlspruch (22). Aber dieses Problem, möglicherweise die Freiheit verteidigen zu müssen, wird sich wohl nicht stellen, da die Andorraner das beliebteste Volk der Welt sind. „Kein Volk ist so beliebt wie wir", sagt der Wirt, der es ja wissen muß. Und der Doktor faßt alle diese positiven Eigenschaften zusammen: Andorra ist „ein Hort des Friedens und der Freiheit und der Menschenrechte" (68), seine Bewohner sind ein „Volk ohne Schuld" (70).

In diesem Land der Freiheit gilt „noch" ein „altes und heiliges Gastrecht", wie der Wirt meint, wobei auch hier wieder die Sprache die Wahrheit verrät: „noch" – aber nicht mehr lange (69).

Gegenstimmen gegen diese Verdrängungsideologie und Selbstbeweihräucherung kommen nicht auf. Zwar stellt der Wirt am Anfang fest, daß die Andorraner genauso geldgierig seien „wie der Jud" (15), er meint dies aber nicht kritisch. Der Jemand allerdings verhält sich diesen Äußerungen gegenüber distanziert: Er lacht gern, wenn große Worte fallen. Wirklich kritisch diesem grotesk positiven Autostereotyp gegenüber äußert sich nur der Lehrer, der die Wirklichkeit erfahren hat und weiterhin erdulden muß: „Sie werden ihr eigenes Blut noch kennenlernen" (15).

Die Schüler erkennen, wie Frisch die Andorraner gezeichnet hat: als Glieder einer „unbedarften, von kollektiver Kritiklosigkeit und unbegründetem Nationalstolz getragenen Gemeinschaft". (Knapp, S. 28)

(5) Die Ergebnisse der Hausaufgabe von Gruppe 4 machen das wirkliche Verhältnis von Bild und Wirklichkeit, Ideologie und tatsächlichem Verhalten deutlich. Unübersehbar sind Geldgier und Geiz der Andorraner. Der Tischler gibt ungern Trinkgelder (8), fordert einen Wucherpreis für die Lehrstelle (13 f.). Der Wirt nützt die Notlage des Lehrers aus, der Land verkaufen muß, um das Geld für die Lehrstelle zu besorgen (17). Der Geselle liefert keine andorranische Wertarbeit, sondern arbeitet nachlässig und schlampig, sein Stuhl bricht zusammen (32). Der Doktor, der behauptet, ihm liege nichts an Titeln, macht durch die Art seines Sprechens deutlich, daß er sehr wohl ehrgeizig und titelsüchtig ist (44). Er sucht seine Verhaftetheit in Vorurteilen zu verschleiern, rationalisiert sein Versagen und sucht für seinen beruflichen Mißerfolg einen Schuldigen: den „Jud". Bei den Andorranern gilt nicht jeder, „was er

ist" (38): Andris Qualitätsarbeit wird nicht akzeptiert. Er wird durch die Brille antisemitischer Vorurteile gesehen, während der Geselle ins positive Andorraner-Bild gepreßt wird.

Auch der Soldat entspricht ganz und gar nicht dem positiven Autostereotyp der Andorraner. Er singt ein anstößiges Lied (23), stellt Andri ein Bein (20), vergewaltigt Barblin (51 ff.) und schlägt Andri, den seine Kameraden festhalten, feige zusammen (74). Geilheit, Roheit, Gefühllosigkeit sind seine hervorstechendsten Eigenschaften. Auch sein Wahlspruch verkehrt sich im Augenblick der Gefahr: Er stellt sich in den Dienst der schwarzen Invasoren und sorgt für Ruhe und Ordnung (116).

Aber auch die anderen Andorraner überbieten sich in feigem und unterwürfigem Verhalten, wie die „Judenschau" deutlich macht. Das „alte und heilige Gastrecht" gilt nicht mehr, die Senora wird getötet (88), und die Kennzeichnung Andorras als „Land ohne Schuld", als „Hort der Freiheit und der Menschenrechte" wirkt grotesk: genau das Gegenteil ist der Fall.

(6) Die Tafelanschrift läßt schon optisch die Ergebnisse der Besprechung erkennen, die die Schüler zuerst für sich selbst formulieren, bevor sie sie der Klasse mitteilen (Stillarbeit): Andri verkörpert, zumindest teilweise, die von den Andorranern beanspruchten Tugenden, während die Andorraner in ihn ihre eigenen negativen Verhaltensweisen hineinsehen. Gerade der erfolglos ehrgeizige Doktor betont den jüdischen Ehrgeiz, der feige Soldat die Feigheit, der geschäftstüchtige Tischler die Geldgier als typisch jüdische Eigenschaften und Verhaltensweisen. An dieser Stelle des Unterrichts wird der Begriff „Projektion" eingebracht. Die Schüler haben seine Bedeutung nachgeschlagen und wissen, was darunter zu verstehen ist: das Verlagern eigener, nicht akzeptierter Eigenschaften und Verhaltensweisen auf andere.

Der Lehrer kann zusätzlich erläutern, daß die „Projektion" zu den unbewußt verlaufenden „Abwehrmechanismen" gezählt und daß mit „Abwehr" ein Prozeß bezeichnet wird, durch den Triebimpulse und Affekte aus der Kommunikation ausgeschaltet werden. (Vgl. Funkkolleg, S. 78)

Das Verhalten der Andorraner Andri gegenüber ist, so erkennen die Schüler, ein Musterbeispiel für diesen Abwehrprozeß: „Das Selbstbild der Andorraner dient einer verlogenen Selbstrechtfertigung, die sie gegen heimliche Zweifel absichern, indem sie ihre Fehler auf den ‚Sündenbock' Andri projizieren. Diese Projektion wiederum wird mit kollektiven Werten gerechtfertigt und gegen Einwände immunisiert; in einem Musterland wie Andorra sind Mißstände undenkbar." (F/S, S. 42)

Hinter den andorranischen Vorurteilen steht also einerseits das psychologische Bedürfnis nach Ausschaltung, Abwehr von unerwünschten eigenen Verhaltensweisen und Eigenschaften durch Projektion auf den anderen, auf „Andri", andererseits sind jedoch auch, wie besonders das Verhalten des Tischlers beweist, handfeste materielle Interessen im Spiel.

Als Abschluß dieser und Überleitung zur nächsten Stunde können die Schüler das Verhalten Andris unter dem Eindruck der ihm entgegengebrachten Vorurteile kurz beschreiben:

Andri kämpft lange gegen das „Bildnis" an, das sich die Andorraner von ihm machen. Aber schließlich gibt er seinen Widerstand auf und akzeptiert, „Jud" zu sein. Dieses Verhalten entspricht den Erkenntnissen der Soziologie, wonach es ein empirisch belegbares Faktum ist, „daß das Selbstbild eines Individuums in einem Interdependenzverhältnis zu den Bildern steht, die sich andere von ihm machen". (Hofstätter, S. 109) Die Analyse von Andris Verhalten in der Reaktion auf das ihm entgegengebrachte „Bildnis" ist Gegenstand der nächsten Stunde.

(Z) Als Ergänzung und Vertiefung dieser Problematik kann evtl. in einer besonderen Stunde und als Schülerreferat auf die Entstehung von Vorurteilen in soziologischer Sicht eingegangen werden. Denkbar ist auch, diese zusätzliche Information nach der 8. Stunde im Zusammenhang mit der Besprechung von Frischs und Brechts Texten zum Bildnisproblem zu geben.

Arbeitsgrundlagen können sein:
– König: „Vorurteile und Minoritäten" (S. 303–307) (Fischer Lexikon Soziologie)
– Hofstätter: „Selbstbild und Fremdbild" (S. 108 f.)
– Allport: „Stereotyp und Vorurteil" (W/S, S. 74–79)

Hausaufgabe

Um die Analyse von Andris Verhalten vorzubereiten, wird die Arbeit unter drei Schülergruppen aufgeteilt:
1. Gruppe: Welche beruflichen und privaten Pläne hat Andri?
2. Gruppe: Wie verhält sich Andri den Versuchen der Andorraner gegenüber, ihn in die Rolle des Juden zu drängen?
3. Gruppe: Wie verhält sich Andri in den Gesprächen mit dem Pater? (Sammeln von Textbelegen)

6./7. Stunde:
Das Verhalten Andris

Vorbemerkungen

Das Stundenthema führt die für das Stück zentrale Problematik des Bildnisses aus der Sicht des Betroffenen weiter und knüpft somit an die Untersuchung des Verhaltens der Andorraner Andri gegenüber an. Wenn dargestellt wird, wie sich Andri unter dem Eindruck des ihm entgegengebrachten „Bildnisses" schrittweise von seiner eigentlichen Identität entfernt, bis er schließlich nicht anders kann, als eine andere zu akzeptieren, wird auf diese Weise die Macht der Vorurteile über einen Menschen aufgezeigt.

Wegen der Bedeutung der Identitätsveränderung und -aufgabe Andris für das Gesamtverständnis des Stückes sollten, wenn möglich, für die Behandlung des Themas zwei Stunden vorgesehen werden. In diesem Falle empfiehlt sich eine Zäsur nach dem 4. Unterrichtsschritt. Wird es in zwei Stunden behandelt, so

- kann auf die Verweigerung Barblins durch Can sowie auf Barblins Verhalten und seine Folgen für Andri ausführlicher eingangen werden (Bild 4 und 6, Unterrichtsschritt 4)
- können die Anmerkungen Frischs über die „Vergewaltigung" (Mat., S. 7–10) Barblins diskutiert werden (Z)
- können die Gespräche Andris mit dem Pater in den Unterricht eingespielt werden (Plattenaufnahme: Unterrichtsschritt 5a, 5b)
- kann Kritik an Frischs Konzeption der Figur des Andri versucht werden (nach Unterrichtsschritt 6).

Auf das Verhalten des Lehrers, der Andri Barblin verweigert, sowie auf die Motive für sein Tun soll in diesem Zusammenhang noch nicht eingegangen werden. Die Problematik dieser Figur ist Gegenstand einer besonderen Untersuchung (9. Stunde). Die Schüler erkennen vielleicht jetzt schon, daß Frisch das Bildnisproblem mit dem des Antisemitismus verknüpft. Auch auf diese Thematik soll erst später (in der 8., 10. und 14. Stunde) eingegangen werden.

Die Schüler sollen erkennen,
- daß sich Andri – konfrontiert mit den Vorurteilen über ihn – immer weiter von seiner eigentlichen Identität entfernt

- welche Personen oder Ereignisse diese Persönlichkeitsentfremdung mitbedingen oder fördern
- daß Andri die Wahrheit über sich schließlich zwar erfährt, dann jedoch nicht mehr fähig oder bereit ist, sie anzunehmen und für sich zu realisieren
- daß er sich schließlich zu der ihm aufgezwungenen Identität bekennt, dabei aber die Wahrheit über sich verfehlt
- worin die Problematik dieser Entscheidung liegt.

Stundenverlauf

(1) Zunächst wird erarbeitet, welche Wünsche, Neigungen und Fähigkeiten Andri anfangs hat (HA der Gruppe 1): Er ist glücklich, daß die Glocken auch für ihn läuten (18), und „möchte seinen Namen in die Luft werfen wie eine Mütze" (18). Er will Tischler werden (18) und sich so in die andorranische Gesellschaft integrieren, verfügt über die dazu notwendige handwerkliche Geschicklichkeit und fertigt einen vorzüglich „verzapften" Stuhl (32 f.). Er will wie die anderen andorranischen Jungen Fußball spielen (30). Außerdem liebt er Barblin, die Tochter des Lehrers, seines Pflegevaters, und will sie heiraten (18). Das „Bildnis", das sich die Andorraner schon von ihm machen, hat noch keine vergewaltigende Wirkung auf ihn. Er ist in seiner Persönlichkeit offen, lebendig, noch nicht festgelegt und erstarrt.

(2) An dieser Stelle bietet sich an, noch einmal kurz auf die Ergebnisse der letzten Stunde zurückzugreifen. Die Unterschiede zwischen den „Bildnissen", die sich die Andorraner von sich und von Andri machen, und seinen tatsächlichen Verhaltensweisen werden anhand der Leitfrage wiederholt und begründet, indem die Begriffe „Stereotyp", „Vorurteil", „Bildnis", „Projektion" und „Abwehr" zur Interpretation dieses Verhal-

tens wieder verwendet werden. Es kann evtl. noch einmal darauf aufmerksam gemacht werden, daß Frisch nicht die historische Entstehung der antisemitischen Vorurteile analysiert, sondern daß er sie als etwas faktisch Gegebenes voraussetzt und nur ihre Anwendung auf Andri darstellt.

(3) Die Hausaufgabe der Gruppe 2 dient während der nächsten beiden Unterrichtsschritte als Grundlage für die Beschreibung und Interpretation von Andris Verhalten dem „Bildnis" gegenüber, in das die Andorraner ihn drängen.
Die Textbelege, die die Schüler gefunden haben, lassen zu Beginn der Untersuchung schon erkennen, daß Andri auf zweierlei Weise reagiert: passiv und aktiv. Diese beiden scheinbar gegensätzlichen Verhaltensweisen geben die Richtung für die genauere Analyse von Andris Verhalten an.
(a) Zuerst wird noch einmal herausgestellt, daß das falsche und negative „Bildnis" der Andorraner von Andri zu dessen Ausschluß aus der Gesellschaft und zur Erschütterung seiner Identität führt. Die Bedeutung des Begriffs „Identität" (vgl. 3. Stunde) sollte hier noch einmal wiederholt werden, da der Begriff für die Beschreibung und Deutung von Andris Verhalten wichtig ist. Die Schüler erkennen: Schon gleich nach der Szene, in der sich Andri glücklich fühlt, kommt die ernüchternde Erfahrung mit dem Soldaten, der „ein Aug" auf Barblin hat und Andri als „Jud" bezeichnet (19 f.). Andri muß sich auch vom Gesellen und vom Tischler demütigen lassen (32, 39). Diese Erlebnisse zeigen ihm, daß die Gesellschaft der Andorraner ihm nicht die Freiheit läßt, sich nach seinen Wünschen und Fähigkeiten zu entwickeln. Sie zwingt ihn in die Klischees von „jüdischem" Verhalten und nimmt die Wirklichkeit tatsächlichen Verhaltens einfach nicht zur Kenntnis, weil sie sich andernfalls selbst in ihren Affekten, Gewohnheiten und Fehlern in Frage stellen müßte.

Andri gerät in Konfrontation mit dieser Gesellschaft und zeigt Wirkung. Zuerst reagiert er passiv, nachdenklich. Dies geschieht schon am Anfang des 2. Bildes im Gespräch mit Barblin, nach der Provokation durch Peider, wenn er die Vorurteile reproduziert, die ihn am meisten diskriminieren, und sich fragt: „Ob's wahr ist, was die andern sagen" (25). Barblin erwartet von ihm, daß er sich wie ein Andorraner verhält und ihre Zärtlichkeit erwidert; er jedoch kann diese Erwartungen nicht erfüllen, da er zuviel denken muß (25) und so dem Vorurteil des Paters, mehr Verstand als Gefühl zu haben (64), schon verfallen ist. Selbstquälerisch fragt er sich: „Ich weiß nicht, wieso ich anders bin als alle" (27). Diese Frage nach seinem Anderssein stellt er später noch einmal dem Pater, als dieser mit Andri sprechen soll und will (59). Aber schon im Gespräch mit Barblin meint er hellsichtig und fatalistisch, es gebe Menschen, „die verflucht sind, und man kann machen mit ihnen, was man will, ihr Blick genügt, plötzlich bist du so, wie sie sagen" (28).
(b) Auf der Grundlage ihrer häuslichen Vorbereitungen erkennen die Schüler, daß Andris Haltung nicht nur die selbstquälerischer Resignation ist. Es gibt Augenblicke, in denen er sich wehrt und aufbegehrt, wenn ihn die Andorraner in ihr Judenklischee pressen wollen. Andri „kann nicht länger schweigen" (34) und fragt erbittert: „Wieso seid ihr stärker als die Wahrheit?" (35), als der Schreiner nicht zur Kenntnis nimmt, daß der ordentlich gefertigte Stuhl das Werk Andris ist. Die Reaktion des Schreiners läßt erkennen, daß er die Wahrheit nicht sehen will, weil sie nicht in sein gefühlsbedingtes Vorurteilsgefüge paßt.

(4) Andris passive Reaktion wird besonders im 7. Bild deutlich, bei seinem ersten Gespräch, sein aktives Verhalten im 9. Bild, bei seinem zweiten Gespräch mit dem Pater.
Bevor die von den Schülern gefundenen Textbelege ausgewertet werden, muß allerdings noch auf die Ereignisse eingegangen

werden, die Andris Haltung vor den Gesprächen entscheidend beeinflussen: die Verweigerung Barblins durch Can (4. Bild) und die Enttäuschung durch Barblin (6. Bild).

Falls nur eine Stunde zur Verfügung steht, können beide Ereignisse nur kurz im Hinblick auf ihre Bedeutung für Andris Verhalten dem ihm entgegengestellten Bild gegenüber interpretiert werden. Sind für das Thema jedoch zwei Stunden vorgesehen, so sollten sie ausführlicher behandelt werden.

(a) Trotz zunehmender Verunsicherung ist Andri noch nicht bereit, seine Identität einfach aufzugeben. Halt gibt ihm einmal das Vertrauen, das er zu seinem „Pflegevater" Can hat, vor allem aber die Liebe zu Barblin. Aber Andri wird nicht nur durch die andorranische Gesellschaft enttäuscht und sich selbst entfremdet, sondern auch durch das Verhalten Cans. Der Lehrer will nicht zulassen, daß Andri Barblin heiratet (46). Gründe gibt er nicht an, und Andri muß vermuten, daß Can die Zustimmung zur Heirat verweigert, weil sein „Pflegesohn" Jude ist (47). Für Andri hat es den Anschein, daß der Lehrer, den er wegen seines früheren Mutes den Andorranern gegenüber bewunderte, von dem er glaubte, daß er nicht „wie alle" sei (55), der seine Landsleute wegen ihrer Befangenheit in Vorurteilen hart kritisierte, daß dieser Mann selbst in Vorurteilen befangen ist, wenn es seine Tochter betrifft. Andri wendet sich enttäuscht von Can ab. Er bezeichnet ihn Barblin gegenüber als „dein Alter" (51) und macht ihm, der den ersten Versuch unternimmt, Andri die Wahrheit zu sagen (54), deutlich, daß er sich nicht mehr für ihn, sondern nur noch für sich selbst interessiere (55). Andris Trotzhaltung prägt sich immer stärker aus. Sein Monolog vor Barblins Kammer läßt erkennen, daß er dabei ist, zu einer festen (Anti-)Haltung zu finden: „Ich schleiche nicht länger herum wie ein bettelnder Hund. Ich hasse. Ich weine nicht mehr. Ich lache" (52). Einziger Halt ist für ihn zu diesem Zeitpunkt noch die Liebe zu Barblin: „Ich liebe

einen einzigen Menschen. Und das ist genug" (52). Er will mit ihr auswandern (52) und eine neue Existenz in einem Land finden, das ihm die Freiheit zur Entfaltung seiner Individualität läßt.

(b) Groteskerweise entgleitet Andri dieser letzte Halt gerade dann, als er zu neuem Selbstbewußtsein gefunden hat und diese neue Zukunft mit Barblin plant. Er sitzt, zuerst schlafend, dann reflektierend und Pläne schmiedend, vor Barblins Kammer und hat, auch symbolisch gesehen, die Schwelle noch immer nicht überschritten. Da steigt der Soldat einfach über ihn hinweg, dringt in die Kammer ein und „nimmt Barblin, normal und brutal wie ein andorranischer Kerl". (Pütz, in: W/S, S. 130f.) Barblin sagt später zu Andri: „Ich habe zu lange gewartet auf dich (...)." (99) „Sie liebte ihn und behandelte ihn wie einen Andorraner, doch er vermochte keiner zu sein. Seine Rollenangst zernagte schließlich auch seine Liebesfähigkeit, und da er die ihre zwar geweckt hatte, doch nicht erfüllen konnte, kam der Soldat." (Pütz, in: W/S, S. 131)

Andri kann diese Situation nicht durchschauen. Er muß meinen, daß Barblin ihm wegen seines „Judseins" ihre Liebe entzogen und sie dem virilen Andorraner freiwillig gegeben habe. Sein Selbstbewußtsein bricht jetzt zusammen. Er muß allmählich glauben, daß er wirklich so ist, wie die andern, auch Barblin, ihn sehen.

(Z) Die Frage, ob Barblin vom Soldaten vergewaltigt wurde oder nicht, interessiert die Schüler. Sie ist aber vom Text her auch für wissenschaftliche Interpreten nicht eindeutig zu beantworten. Max Frisch selbst hat mit diesem Problem Schwierigkeiten, wie seine Probenaufzeichnungen (Mat., S. 7–10) beweisen. Sie können zur Diskussion von Barblins Verhalten mit herangezogen werden. Die Schüler können darauf hingewiesen werden, daß das Stück an dieser Stelle eine „Leerstelle" aufweist, d.h. keine eindeutige

Interpretation zuläßt. Diese Leerstelle muß vom jeweiligen Interpreten von seinem jeweiligen Verständnis her „gefüllt" werden. Die Schüler erkennen wieder, daß jede Inszenierung schon eine Interpretation ist (vgl. 2. Stunde), denn je nach Beantwortung der Frage der Vergewaltigung durch den Regisseur und entsprechender Inszenierung ändern sich die Schuldanteile Barblins und des Soldaten am Schicksal Andris.

(5) Im Mittelpunkt der nächsten Unterrichtsphase steht die Interpretation der beiden Gespräche Andris mit dem Pater (7. u. 9. Bild), da sie Andris Haltung dem „Bildnis" gegenüber entscheidend beeinflussen. Der Hauptakzent liegt dabei auf der Analyse des 2. Gesprächs. Die akustische Darbietung der Gespräche (Platte) ist motivierender Ausgangspunkt der Besprechung, die anschließend auf der Basis der Hausaufgabe der Gruppe 3 erfolgt.

(a) Andri hat in Barblin seinen letzten Halt verloren. In dieser Situation kommt es auf Veranlassung der Mutter zu seinem ersten Gespräch mit dem Pater (Bild 7). Nach dem Vorspielen der Szene von der Platte äußern die Schüler zuerst ihren Eindruck von der Interpretation der Personen durch die Sprecher. Dann lesen sie ihre Analyse von Andris Verhalten in dieser Szene vor (HA der Gruppe 3). Die Arbeitsergebnisse werden im folgenden Unterrichtsgespräch ergänzt und vertieft.

Der Pater will, pharisäerhaft und herablassend, Andri bewegen, sein vermeintliches Anderssein doch endlich zu akzeptieren. Andri reproduziert erneut die Vorurteile, die ihm entgegengebracht werden (60). Er fragt sich, „ob's wahr ist, was die andern von mir sagen: daß ich nicht bin wie sie" (60) und greift damit die resignierende Aussage vom Anfang des 2. Bildes (25) wieder auf. Er hofft im stillen, der Pater werde widersprechen. Dieser tut es jedoch nicht und versucht vielmehr, Andri dadurch zu einem neuen Selbst-

bewußtsein, zu neuer Identität zu verhelfen, daß er auf dessen Sonderstellung hinweist: „Du bist gescheiter als sie." (61) Er fragt ihn: „Warum willst du sein wie die andern?" (63) Andri aber sträubt sich noch, dieses scheinbar positive Bild des Paters von ihm zu akzeptieren. Er leistet noch Widerstand: „Ich bin nicht anders. Ich will nicht anders sein". (61) Als jedoch der Pater von der „Überempfindlichkeit" der Juden spricht (63), die ihm auf die Nerven gehe, kommt es zum „Zusammenbruch" (63), zum Identitätsverlust Andris.

Andri ist nun völlig auf sich selbst gestellt. Er braucht keinerlei Rücksichten mehr auf irgendwen zu nehmen. Er läßt sich nichts mehr gefallen, greift den Soldaten tätlich an (73 f.) und straft dadurch auch das Vorurteil vom „feigen Juden" Lügen.

(b) Die Schüler begründen, warum das zweite Gespräch zwischen dem Pater und Andri eine der wichtigsten Szenen des gesamten Stückes ist: Andri hat seine Identität gewechselt und weigert sich, die Wahrheit zu akzeptieren.

Wieder wird zuerst die akustische Darbietung der Szene (Platte) interpretiert und die Haltung Andris mit seiner früheren verglichen, bevor auf der Grundlage der Arbeitsergebnisse der Schüler (HA 3) das jetzige Verhalten Andris genauer analysiert und interpretiert wird. Im Vergleich mit dem ersten Gespräch werden wesentliche Unterschiede im Verhalten der Gesprächsteilnehmer deutlich. War vorher der Pater beschäftigt, leicht überheblich, so ist jetzt Andri stolz, selbstsicher, fast arrogant. War vorher Andri verzweifelt, hilfesuchend, so ist jetzt der Pater unsicher, verlegen. Er hat gemerkt, was mit seiner Hilfe angerichtet wurde, und er soll Andri jetzt die „eigentliche" Wahrheit, daß er nämlich doch kein Jude sei, nahebringen. Er ist gekommen, wie er sagt, um Andri zu „erlösen" (84), d. h. um ihn aus dem „Bildnis" des Juden zu befreien, in das hinein er ihn vorher pressen half. Aber die „Erlösung" ist nicht mehr möglich. Der Pater scheitert an seiner eigenen Lehre. Andri, auf sich selbst zurückgeworfen, kann nun nicht mehr anders, als das ihm von der Umwelt diktierte „Bildnis" des Juden zu akzeptieren, zumal sich unter dessen Einfluß auch seine Persönlichkeit im Sinne dieses Stereotyps verändert hat.

An dieser Stelle der Besprechung kann der Lehrer aufzeigen, wie das Verhalten Andris aus psychologischer Sicht zu interpretieren ist. In der 5. Stunde wurde das Verhalten der Andorraner als Abwehrmechanismus der Projektion gekennzeichnet. Andri, das Objekt der Projektion, muß mit den Triebimpulsen und Affekten, die die Andorraner als Vorurteile an ihn herantragen und die das Kommunikationsverhältnis stören, fertig werden. Er tut dies, indem er schließlich diese Vorurteile internalisiert und sich damit mit den Andorranern „identifiziert". Die Schüler erinnern sich an ein Arbeitsergebnis der 5. Stunde: Andri verkörpert jetzt die negativen Verhaltensweisen der Andorraner, die sie auf ihn projiziert haben. Er ist so geworden, wie die Andorraner selbst sind, aber nicht sein wollen.

Die Abwehrstrategie der „Identifikation" bedeutet, daß das Individuum einen bedrohlichen Konflikt mit der Außenwelt zu vermeiden sucht, indem es sich mit dem Angreifer gleichsetzt bzw. seine Vorstellungen übernimmt, so daß dadurch der Konfliktstoff beseitigt wird. „Identifikation" ist die Abwehrhaltung der Schwächeren. Die Schüler erkennen vielleicht auch schon, daß die Andorraner in der Judenschau (10. Stunde) ebenfalls diese Abwehrstrategie praktizieren: Sie identifizieren sich weitgehend mit dem Verhalten der „Schwarzen".

Die Leitfrage „Warum akzeptiert Andri nicht die Wahrheit über seine Herkunft?" läßt die Schüler erkennen, warum die Wahrheit für Andri folgenlos bleibt. Er hat das „Bildnis" des Juden angenommen, weil er sich aus existentiellen Gründen für eine Wahrheit entscheiden muß und, so haben die Schüler erkannt, weil auf diese Weise das Kommunikationsverhältnis   störungsfreier wird. Andri „fühlt" sich jetzt als Jude, nicht zuletzt dank des Paters. Seine Identifizierung mit diesem „Bildnis" geht so weit, daß „er sich auf die Sicherheit seines Gefühls berufen kann, daß er in der Sprache des jüdischen Volkes, der bildkräftigen Sprache des Alten Testamentes, einen in biblische Kola gegliederten Text spricht". (Frühwald, in: MF II, S. 311)

Der Monolog, in dem er so spricht (80), verhält sich zum umgebenden Dialogtext „wie das Außenseitertum des zum Juden gemachten Andri zu der ihn vergewaltigenden Modellgesellschaft in Andorra. Der Monolog zeigt die Isolation des Sprechenden und macht das Selbstbild transparent, das sich Andri, unter dem Diktat des Fremdbildes, von sich macht." (F/S, S. 60 f.) Andri hat den Andorranern und dem Pater „ausgeglaubt" (85) und ist nicht mehr bereit, seine Identität erneut, wenn auch im Sinne der ursprünglichen, zu verändern. „Ich bin anders" (86) sagt er jetzt und rät dem Pater: „Jetzt ist es an Euch, Hochwürden, Euren Jud anzunehmen" (86). Obwohl er jetzt die Wahrheit weiß, kann er sie nicht akzeptieren – oder aber er will, daß der Pater fortan mit dem Bewußtsein leben muß, maßgeblich dazu beigetragen zu haben, einen Menschen von seiner Identität zu entfernen und in ein Stereotyp zu pressen, das ihn letztlich den Tod erleiden läßt. Diese Überlegungen führen hin zum nächsten Unterrichtsschritt.

(6 a) Dieser Unterrichtsschritt dient der Erläuterung und Vertiefung der Problematik, aber auch der Reflexion über Frischs Lösung des in diesen Unterrichtsstunden behandelten Bildnisproblems. Die Schüler erkennen: Andri hat die eigentliche Wahrheit über seine Herkunft nicht angenommen, weil er seine Identität nicht wie ein Kleidungsstück wechseln kann. Ausdruck dieser Identität sind bestimmte Denkweisen, Einstellungen,

Verhaltensmuster und Handlungsweisen, die einerseits vom Bewußtsein geprägt sind, dieses andererseits aber auch wieder formen. Andris Einstellungen und Verhaltensweisen werden durch die Vorurteile der Umgebung in einem schmerzlichen Prozeß, gegen den er sich wehrt, so lange es geht, umgeformt, so daß sich auch seine Identität ändert. Dieser Prozeß, dessen Ergebnis er schließlich akzeptiert, ist für ihn nicht mehr umkehrbar.

Andri hat auf diese Weise zwar zu einer neuen Identität gefunden, er verfehlt jedoch dabei die eigentliche Wahrheit über sich. Er suchte für sich die Wahrheit. Die Gesellschaft der Andorraner ließ sie nicht zu. Deshalb entscheidet er sich für die von den Andorranern diktierte Wahrheit. Die tragische Paradoxie dieser Lösung wird deutlich: „Im selben Augenblick, in dem er der Identität mit sich selber innewerden könnte, muß er sie leugnen, um mit sich selbst identisch zu bleiben." (Krapp, in: MF II, S. 303)

An dieser Stelle soll auf die Konsequenzen von Andris Verhalten für die Andorraner und besonders für den Lehrer Can nur kurz verwiesen werden, da dieses Problem später (in den Stunden 12 und 13) genauer erörtert wird:

Mit seinem Entschluß, die Rolle des Juden nicht mehr aufzugeben, beläßt Andri seinen Vater und die Andorraner in ihrer Schuld. Er wird selbst an ihnen schuldig, weil er sie, überspitzt ausgedrückt, zu Mördern werden läßt. Er hat den Andorranern noch nicht einmal die Chance gegeben, ihre Meinung, er sei Jude, zu revidieren. Wie sollen sie ihn als Andorraner sehen, wenn er es selbst nicht mehr tut?

(b) Ausgegangen wurde in dieser Unterrichtseinheit davon, daß Andri uns am Anfang des Stückes als lebendige Individualität in seiner Freiheit vorgeführt wird. Die Vorurteile der Andorraner bewirken, daß er am Ende des Geschehens zu ihrem Produkt „gerinnt". Im Stück wird also, wie die Schüler jetzt erkennen, „die dramatische Wandlung

einer Persönlichkeit auf der Suche nach ihrer Identität der maskenhaften Statik eines erstarrten Menschenbildes gegenübergestellt" (Durzak, S. 87). Andri erstarrt zum „Bildnis" des jüdischen Märtyrers.

(Z) In leistungsfähigen und interessierten Klassen kann Frischs Konzeption der Figur des Andri kritisch betrachtet werden. Es kann z. B. diskutiert und in seiner Wirkung reflektiert werden (vgl. Durzak, S. 226–28),
– daß die Verführung bzw. Vergewaltigung Barblins durch Peider den Inzest verhindert
– daß Andri sich, obwohl er nun die Wahrheit kennt, „trotzdem in die Haltung des um seine Braut betrogenen Juden hineinsteigert und deshalb sein Judesein endgültig akzeptiert." Dadurch „erscheint sein Verhalten auf dem Hintergrund des Stückes objektiv als Wahn".
– daß die „Unwahrheit" der Figur des Andri gegen Ende des Stückes darin liegt, „daß Andri seine Verzweiflung nicht als die seiner individuellen Situation bekennt", die dadurch gekennzeichnet ist, daß er sich um seine Liebe betrogen fühlt, sondern daß er sich „zum stellvertretenden Leidtragenden des jüdischen Volkes stilisiert".

Hausaufgabe

Um die Untersuchung der Bildnisproblematik vertiefend und ausweitend fortzuführen, sollte Frischs Tagebuchtext „Du sollst dir kein Bildnis machen" in der nächsten Stunde interpretiert und mit dem thematisch gleichen Text von Brecht „Über das Anfertigen von Bildnissen" verglichen werden. (Mat., S. 13–16) Wird für diese Texte keine besondere Stunde vorgesehen, sollten Gedanken des Frisch-Textes auch in der 6./7. Stunde mit berücksichtigt werden.

Als Hausaufgabe sollen die Schüler die beiden Texte vorbereitend lesen, und zwar mit den Leitfragen:

1. Was verstehen die Autoren unter dem Begriff „Bildnis"?
2. Welche Bedeutung messen sie dem „Bildnis" zu?
3. Welche Bedeutung hat für beide Autoren die Liebe?

8. Stunde:
Frisch und Brecht
zum Bildnisproblem

Vorbemerkungen

Zum genaueren Verständnis dessen, was Frisch unter „Bildnis" versteht und was nicht nur ein zentrales Anliegen seiner Werke, sondern auch ein Problem der zwischenmenschlichen Beziehungen überhaupt ist, werden die beiden Texte von Frisch: „Du sollst dir kein Bildnis machen" und Brecht: „Über das Anfertigen von Bildnissen" gelesen. (Mat., S. 13–16) Ihre Lektüre stellt eine unmittelbar auf die Lebenswirklichkeit der Schüler bezogene und daher motivierende Abwechslung im Verlauf der Unterrichtseinheit dar.

Beide Texte, besonders aber der von Frisch, stellen gewisse Anforderungen an das Abstraktionsvermögen der Schüler einerseits und an ihre eigenen Erfahrungen andererseits.

Der Lehrer muß deshalb versuchen, den Schülern die Problematik durch Beispiele aus ihrem Erfahrungsbereich zu veranschaulichen.

Steht nicht genügend Unterrichtszeit zur ausführlichen Besprechung der beiden Texte zur Verfügung, so sollte in den beiden vorangegangenen Stunden Frischs Meinung zusätzlich in die Problembesprechung eingebracht werden.

Es ist verständlicherweise nicht möglich, beide Texte in einer Unterrichtsstunde erschöpfend zu behandeln. Deshalb soll einmal das Schwergewicht der Besprechung auf dem Text von Frisch liegen, während der von Brecht eher als Folie betrachtet wird, vor der sich die Besonderheiten der Gedanken Frischs besser abheben. Die Besprechung dieses Textes geht am besten der des Frisch-Textes voraus, da auf diese Weise die Übertragung der Vorstellungen Frischs auf „Andorra" ohne Bruch im Unterrichtsgeschehen möglich ist.

Außerdem wird auch der Text von Frisch nicht systematisch analysiert, sondern, wie der von Brecht, unter den durch die vorbereitenden Hausaufgaben gegebenen Zielrichtungen im Hinblick auf den Zusammenhang von „Liebe" und „Bildnis" befragt.

Die selektive Interpretation des Frisch-Textes im Vergleich zu den Aussagen Brechts ist nicht Selbstzweck, sondern es sollte (in Gruppen- oder Partnerarbeit) von den Schülern überlegt werden, in welcher Beziehung die Gedanken des Textes zur Problematik von „Andorra" stehen.

Bevor diese Übertragung geleistet wird, können die Schüler eine grundlegende formale und thematische Besonderheit des Dramas erkennen: Sie stellen fest, daß Frisch in seinem Tagebuchtext das Bildnisproblem als Problem der Selbstverwirklichung des einzelnen im Bereich der zwischenmenschlichen Beziehungen gestaltet, während er in „Andorra" dieses persönliche Problem mit dem gesellschaftlich-historischen des Antisemitismus und der Judenverfolgung verbunden hat.

Diese Überlegungen werden in den folgenden Stunden 10 („Die Judenschau") und 14 („Andorra – ein Modell") wieder aufgegriffen und vertieft.

Damit die Schüler erkennen, daß das von Frisch und Brecht gestaltete Problem kein ausschließlich literarisches ist, sondern daß es jeden einzelnen in seiner Persönlichkeitsentwicklung betrifft, können sie auch auf wissenschaftliche Texte, die dieses Problem behandeln, hingewiesen werden.

Die Schüler sollen erkennen,
- in welchem Zusammenhang Frisch „Liebe" und „Bildnis" sieht
- wie er die Entstehung von „Bildnissen" im zwischenmenschlichen Bereich begründet und beurteilt
- wie Brecht die Beziehung von „Bildnis" und „Liebe" sieht und wodurch sich seine Auffassung von der Frischs unterscheidet
- daß Frisch in seinem Tagebuchtext das Bildnisproblem als persönliches Problem der Identitätssuche gestaltet, daß er es aber im Stück mit dem Problem des Antisemitismus verknüpft
- daß das Problem des Bildnisses bzw. der Vorurteile im Alltagsbereich der zwischenmenschlichen Beziehungen von großer Bedeutung ist.

Stundenverlauf

(1) Bevor mit der eigentlichen Textinterpretation begonnen wird, äußern die Schüler ihre Leseeindrücke, nennen die Besonderheiten der beiden Texte und bringen Verständnisschwierigkeiten zur Sprache. Sie können auf den aphoristischen Charakter des Frisch-Textes, auf die assoziative Reihung der Gedanken hingewiesen werden und erkennen den Gegensatz zum rhetorisch aufgelockerten Abhandlungscharakter des Brecht-Textes mit seinem logisch-antithetischen Aufbau. Die Form paßt bei beiden Texten zum Inhalt: Der Frisch-Text ist, entsprechend seiner Intention, offener, vieldeutiger, eine Tagebuchaufzeichnung; der Text von Brecht ist geschlossener, eindeutiger, eine „Notiz zur Philosophie". (Mat., S. 16)
Die Schüler werden beim Text von Frisch sicher Schwierigkeiten haben, einige Aussagen zu verstehen und nachzuvollziehen:
- die Liebe hält uns „in der Bereitschaft, einem Menschen zu folgen in allen seinen möglichen Entfaltungen"

- die Liebe befreit (...) aus jeglichem Bildnis"
- wir werden „mit den Menschen, die wir lieben, nicht fertig"
- „nicht weil wir das andere kennen, geht unsere Liebe zu Ende, sondern umgekehrt".

Auf diese Verstehensschwierigkeiten wird bei der Interpretation des Textes im 3. Unterrichtsschritt genauer eingegangen. Der Text von Brecht bietet den Schülern wegen seiner klaren Problementwicklung und -darstellung weniger Verständnisschwierigkeiten. Mißverständlich ist hier nur die Begrifflichkeit: Brecht spricht sowohl von „Bildern" als auch von „Bildnissen". Der Text läßt erkennen, daß beide Begriffe synonym verwendet werden.

(2a) Der Text von Brecht wird zuerst genauer betrachtet. Die Schüler stellen Brechts Auffassung von „Bildnis" und „Liebe" auf der Grundlage der Hausaufgaben dar. Er äußert sich differenzierter als Frisch und sieht die Bedeutung von Bildern als „kleinen Modellen" darin, daß sie dem Menschen helfen, seine Umwelt zu verstehen. Die Schüler erinnern sich an Bedeutung und Funktion des „Stereotyps", die in der 5. Stunde vermittelt wurden: Was Brecht meint, sind „Stereotypen".
Man macht sich aber auch von andern Menschen solche „Bildnisse", um ihr „Verhalten vorausbestimmen zu können". Brecht sieht – wie Frisch – durchaus die Gefahr, die mit diesen Bildnissen verbunden ist: Da die Menschen sich ändern, also „nicht ebenso fertig sind, wie die Bildnisse, die man von ihnen macht", entstehen Enttäuschungen. Macht man sich schon Bildnisse von Mitmenschen, so darf man sie „nie ganz fertigmachen".
Brecht sieht, und da unterscheidet er sich grundlegend von Frisch, auch die pädagogische Bedeutung von Bildnissen. „Der Mensch kann geändert werden, wenn man ihm ein gutes Bildnis vorhält." Liebt man ei-

nen Menschen, so „kann man aus seinen beobachteten Verhaltensarten und der Kenntnis seiner Lage solche Verhaltensarten für ihn ableiten, die für ihn gut sind". Brecht hält also die Liebe für fähig, dem andern bei seiner Selbstentwicklung und -entfaltung zu helfen, wenn ihm ein „gutes Bildnis" geschenkt wird und ihm positive Verhaltensweisen „zugeschoben" werden, die dann zu „Wirklichkeiten" werden. Lieben heißt für Brecht, sich vom Geliebten ein „produktives" Bildnis machen, d.h. ein Bildnis, das ihm erst zu seinem eigentlichen Selbst verhilft.

Zur Veranschaulichung können die Schüler auf das Verhältnis zwischen Eltern und Kindern hingewiesen werden: Eltern können negative Entwicklungen und Verhaltensweisen ihrer Kinder manchmal dadurch vermeiden, daß sie ihnen positive Verhaltensweisen „zuschieben". Die Kinder meinen nun, ihre Eltern, die ein so „gutes Bildnis" von ihnen haben, nicht enttäuschen zu dürfen – und verhalten sich diesem positiven Bildnis entsprechend.

(b) Die Schüler erkennen aber auch, daß Brechts Auffassung Ansatzmöglichkeiten zur Kritik bietet.

Seine Einstellung erscheint zwar durchaus lebensnah, wenn er die Notwendigkeit von Bildnissen für die Bewältigung des Lebens anerkennt, vor „falschen Bildern" warnt und „guten Bildern" die Fähigkeit zur „produktiven" Veränderung des Menschen zuspricht. Problematisch ist allerdings die Meinung Brechts, daß man, wenn man den Menschen liebt, aus „der Kenntnis seiner Lage solche Verhaltensweisen für ihn ableiten" kann, „die für ihn gut sind". Es stellt sich die Frage, ob man einen Menschen, auch einen, den man liebt, überhaupt so gut kennen kann, daß man weiß, was für ihn gut ist.

(3a) Nachdem im vorigen Unterrichtsschritt schon Beziehungen zu Frischs Problemverständnis hergestellt wurden, steht nun seine Auffassung über „Liebe" und „Bildnis" im Mittelpunkt der Überlegungen, die auf den vorbereitenden Hausaufgaben der Schüler aufbauen. Dabei können die anfangs genannten Verständnisschwierigkeiten der Schüler beseitigt werden, indem die dialektische Beziehung zwischen „Liebe" und „Bildnis" deutlich herausgearbeitet wird.

Für Frisch besteht das Wesen der Liebe darin, daß sie einen Menschen „in der Schwebe des Lebendigen hält, in der Bereitschaft, einem Menschen zu folgen in allen seinen möglichen Entfaltungen". Sie sieht den Menschen als „Geheimnis", als „erregendes Rätsel" in seiner Unfaßbarkeit und „befreit (...) aus jeglichem Bildnis".

Kennzeichnend für die Haltung des Liebenden ist also nach Frisch, so erkennen die Schüler, daß er demjenigen, den er liebt, die Freiheit zu lebendiger Entwicklung und spontanem Verhalten läßt und ihn nicht in ein „Bildnis" preßt.

Schwieriger wird es, den Schülern die Aussage zu erläutern, in der Frisch vom Ende der Liebe spricht: „Nicht weil wir das andere kennen, geht unsere Liebe zu Ende, sondern umgekehrt: weil unsere Liebe zu Ende geht (...), darum ist der Mensch fertig für uns." Ist der Mensch „fertig" für uns, so haben wir ihm die „Bereitschaft" gekündigt, „auf weitere Verwandlungen einzugehen".

Diese Aussage muß genauer erläutert werden, da sie der üblichen Meinung widerspricht, wonach der andere schuld sei, wenn wir ihn nicht mehr lieben können: Wir selbst sind schuld an diesem Ende der Liebe, weil wir nicht mehr fähig sind, ihm die Freiheit zu weiteren „Verwandlungen" zu lassen und ihn also in eine feste Form pressen.

Zur Veranschaulichung dieser Gedanken können die Schüler wieder auf das Verhältnis Eltern – Kinder hingewiesen werden: Die Liebe der Eltern zu ihren Kindern besteht gerade darin, daß sie ihnen helfen, sich zu entfalten, zu verändern und daß sie diese Veränderungen akzeptieren.

Betrachten die Eltern die sich entwickelnden Jugendlichen immer noch als Kind, so verweigern sie ihnen, nach Frisch, den „Anspruch alles Lebendigen, das unfaßbar bleibt". Sie stellen fest, daß der Jugendliche nicht so ist, wie sie ihn gern sähen, und sind enttäuscht. Sie sehen nicht, daß es ihre Schuld ist: Sie haben sich von ihm ein „Bildnis" gemacht und ihm den „Anspruch alles Lebendigen, das unfaßbar bleibt", verwehrt. „Das", meint Frisch, „ist das Lieblose, der Verrat."

Die Schüler können in diesem Zusammenhang auch erkennen, daß der Begriff „fertig" von Frisch in einem doppelten Sinn verwendet wird: er bedeutet einmal, daß wir uns ein abgeschlossenes Bildnis vom anderen gemacht haben; er bedeutet aber auch, daß wir mit dem andern nichts mehr zu tun haben wollen und ihn – und darin besteht die Lieblosigkeit, im Stich lassen.

(b) Der Gedankengang Frischs, wonach „Bildnisse" der Selbstentfaltung des Partners entgegenwirken und deshalb zu vermeiden seien, erscheint den Schülern einleuchtend. Vielleicht erkennen sie aber doch Ansatzpunkte für Kritik: Ist es überhaupt möglich, sich kein Bildnis zu machen, wo doch der einzelne dann der Vielfalt der Erscheinungen der Welt hilflos ausgeliefert wäre, wo doch gesagt (5. Stunde) und von Brecht dargestellt wurde, daß „Stereotypen" zur Ordnung der Eindrücke notwendig seien?

Die Schüler vermuten mit Recht, daß Frisch diese Notwendigkeit nicht bestreitet. Ihm geht es um die Vermeidung von festlegenden Klischees im zwischenmenschlichen Verhalten. Aber auch da stellt sich die Frage, ob er nicht Unmögliches verlangt, wenn er meint, die Liebe beweise sich im Vermögen, dem andern in „allen seinen möglichen Entfaltungen" zu folgen, also auch in den negativen Veränderungen seines Verhaltens und Wesens.

Die Schüler fragen sich, ob man als Liebender nicht die Pflicht habe, den Partner vor manchen „Verwandlungen" zu schützen und ihm durch ein „gutes Bildnis" die Möglichkeit zur positiven, „produktiven" (Brecht) Veränderung zu geben.

(4) Die bei der Interpretation von Frischs Text gewonnenen Erkenntnisse werden nun in einen nächsten Unterrichtsschritt auf das Stück „Andorra" bezogen.

(a) Zuerst sollen die Schüler aber die Frage diskutieren (in Gruppenarbeit), welche Unterschiede in der Gestaltung des Bildnisproblems im Tagebuchtext einerseits und im Drama andererseits festzustellen sind. Die Beantwortung dieser Frage läßt die Schüler die formale und thematische Eigenart des Stückes erkennen:

Im Tagebuchtext spricht Frisch allgemein über die Gefahr, die er bei der Verwendung von „Bildnissen" im alltäglichen, zwischenmenschlichen Bereich sieht. Derjenige, von dem man sich ein Bild macht, wird in eine starre Form, in eine Rolle gepreßt, damit seines Rechts auf Entfaltung und Weiterentwicklung beraubt und in seiner Identität verändert.

Im Drama „Andorra" zeigt Frisch jedoch eine besondere Art des „Bildnisses" auf, die historisch und politisch bedeutsam war und noch ist: das „Bildnis" des Juden. Dieses „Bildnis" entstand im Verlauf von Jahrhunderten (vgl. 5. Stunde) auf Grund von Vorurteilen der jüdischen Minderheit gegenüber und wurde in der jüngsten Vergangenheit tödlich wirksam (vgl. 2. Stunde). Frisch verknüpft also die Identitätsproblematik des einzelnen mit dem Antisemitismus der vielen.

Diese Erkenntnis von der Verbundenheit der beiden Problembereiche, die auch bei der Interpretation des Stückes unterschiedliche Schwerpunktsetzungen zuläßt, wird in der 10. und 14. Stunde wieder aufgegriffen und vertieft.

(b) Nun wird die Frage, wie Frisch das Bildnisproblem im Stück veranschaulicht, von den Schülern in Stillarbeit reflektiert. Sie übertragen die Aussagen des Tagebuchtextes auf das Verhalten der Andorraner Andri gegenüber und stellen fest: Die Andorraner können Juden nicht leiden und haben bestimmte Vorurteile ihnen gegenüber, die „jüdisches" Verhalten und Eigentümlichkeiten betreffen. Sie meinen – begründet –, Andri sei Jude. Deshalb schieben sie ihn, der Andorraner ist und sich anfangs so verhält, allmählich in diese Rolle, pressen ihn in dieses „Bildnis" und nehmen seine „andorranischen" Verhaltensweisen nicht zur Kenntnis. Sie sind ihm gegenüber im Frisch'schen Sinne „lieblos" und verraten ihn, da sie ihn seiner Identität berauben. Andri dagegen wendet sich lange Zeit gegen dieses „Bildnis". Aber es schränkt ihn in seiner Freiheit immer mehr ein, so daß er es schließlich unter dem Druck der Umwelt internalisiert und sich so mit ihren Erwartungen identifiziert. Diese Übertragung stellt gleichzeitig eine Wiederholung und Anwendung der Arbeitsergebnisse der 6./7. Stunde dar.

(Z 1) Frisch hat das Bildnisproblem auch in anderen Werken gestaltet, z.B. in seinem Roman „Stiller". Ausschnitte daraus können mit den Schülern besprochen werden (S. 89, 131f., 305f.).
Im Anschluß an die Behandlung von „Andorra" kann auch der Roman als „Buchbericht" von einem Schüler der Klasse vorgetragen und in seiner Problematik erläutert werden.

(Z 2) Zur Veranschaulichung der prägenden Kraft des Bildnisses im Alltag der Schüler kann der Lehrer über den „Pygmalion-Effekt" berichten (vgl. Funkkolleg, S. 67f.):
1. Der Lehrer ändert seine bisherigen Leistungserwartungen gegenüber einzelnen Schülern, indem er die tatsächliche Fähigkeit dieser Schüler höher einschätzt.
2. In Übereinstimmung mit seinen höheren Erwartungen führt er die Leistungen dieser Schüler auf andere Ursachen zurück, vor allem führt er jetzt Mißerfolge weniger auf mangelnde Fähigkeiten als auf noch nicht ausreichende Anstrengungen zurück.
3. Der Schüler bemerkt, daß das Bild, das der Lehrer von ihm hat, sich geändert hat. Seine Fähigkeiten scheinen vom Lehrer höher als bisher eingeschätzt zu werden, und während es ihm früher an zuversichtlicher Anstrengung fehlte, werden nun bessere Leistungen, wie sie seiner Fähigkeit entsprechen, von ihm auch erwartet.
4. In dem Maße, wie dieses neue Selbstbild das seitherige aufhellt, und in dem Maße, wie der Schüler dieses neue Bild von sich selbst übernimmt, verschieben sich die Erwartungen hinsichtlich der eigenen Leistung in Richtung auf diejenigen des Lehrers. Der Schüler wird erfolgszuversichtlicher, lernmotivierter und anstrengungsbereiter.
5. Damit verbessern sich auf die Dauer seine Leistungen auch, denn jeder Erfolg verstärkt die neue Leistungserwartung.

Die Schüler erinnern sich in diesem Zusammenhang an Brechts „gute Bildnisse".
Es kann aber auch vorkommen, daß enttäuschte Erwartungen den Lehrer eine geringere Fähigkeit annehmen lassen, was dann beim Schüler zur Folge hätte, daß eine Umkehrung der oben dargestellten Wirkungen eintreten würde, nämlich ein negativer Pygmalion-Effekt. Diese Erscheinung wird von Frisch in „Andorra" dargestellt.

(Z 3) Falls nicht nach der 5. Stunde geschehen, können nach dieser Stunde wissenschaftliche Texte zum Thema Vorurteil herangezogen und, evtl. in einer besonderen Stunde und als Schülerreferat, in den Unterricht eingebracht werden. Geeignet wären z. B.

- Hofstätter: „Selbstbild und Fremdbild"
  (S. 108 f.)
- König: „Vorurteile und Minoritäten"
  (S. 303–307)
- Allport: „Stereotyp und Vorurteil" (W/S,
  S. 74–79)

Hausaufgabe

Nach diesen ausweitenden und alltagsbezogenen Betrachtungen rückt nun wieder das Stück selbst in den Mittelpunkt des Unterrichts. In der nächsten Stunde wird das Verhalten des – unfreiwilligen – Gegenspielers von Andri untersucht: das des Lehrers. Zur Vorbereitung dieser Analyse beantworten die Schüler in zwei Gruppen (in zusammenhängender Darstellung) die beiden Leitfragen:

1. Wie wird Can als junger Lehrer charakterisiert?
2. Aus welchen Gründen verschweigt er die Wahrheit über Andris Herkunft?

9. Stunde
Der Lehrer Can

Vorbemerkungen

Schon in der ersten Stunde wurde festgestellt, daß der „junge Mann" der Prosaskizze als „Andri" im Drama in Beziehungen und Konflikte hineingestellt wird, wobei die Handlung um den Lehrer Can von besonderer Bedeutung ist.

Die besondere Bedeutung dieses Handlungsstranges und der Figur des Lehrers wurde bei der Erarbeitung der Struktur des Dramas in der dritten Stunde auch optisch deutlich. Die Schüler konnten erkennen, daß einmal die Andorraner als Kollektiv Gegenspieler Andris sind. Ihr Verhalten Andri gegenüber und

seine Reaktion darauf wurden in den Stunden 5 und 6/7 genauer untersucht.

Die Schüler erkannten aber auch, daß der Lehrer Can zum – unfreiwilligen – personalen Gegenspieler seines Sohnes wird und dessen Entwicklung entscheidend beeinflußt. Deshalb ist die thematische Betrachtung der Figur des Lehrers mit ihren Motiven und Zielen außerordentlich wichtig.

Cans Verhalten Andri und den Andorranern gegenüber erscheint widersprüchlich und problematisch. Die Schüler haben, zumindest am Anfang und bei oberflächlicher Betrachtung, einen positiven Eindruck von ihm, allein schon deshalb, weil er Gegenspieler der Andorraner ist, die ihn schlecht behandeln. Bei genauerer Interpretation seines Verhaltens erkennen sie jedoch, daß auch er „Andorraner" ist und sich entsprechend verhält, d.h. in Vorurteilen befangen ist, die Wahrheit nicht leben kann und die Andorraner, seine Familie, vor allem aber Andri verrät: Er ist mit schuld daran, daß sein Sohn schließlich getötet wird.

Die Schüler sollen dabei jedoch nicht übersehen, daß der Lehrer als einziger der Betroffenen seine Schuld erkennt und die Konsequenzen aus seinem Versagen zieht, indem er Selbstmord begeht.

Die Schüler sollen erkennen,
- daß Can als junger Lehrer gegen die Vorurteile der Andorraner und für die Wahrheit kämpft
- daß er aus Feigheit die Lüge über Andris Herkunft in die Welt setzt, dieses Verhalten aber später rationalisiert und pädagogisch umdeutet
- daß dieses Unterdrücken der Wahrheit seine Persönlichkeit zerstört
- welche Konsequenz diese Lüge für die Andorraner, für seine Familie und besonders für Andri hat
- wie sein Verhalten vor dem Hintergrund des Geschehens zu bewerten ist.

44

Stundenverlauf

(1) Der Lehrer Can tritt in einer Doppelrolle in Erscheinung: Er ist Andris Vater und Lehrer der Andorraner. Als Vater Andris müßte er seinen Sohn lieben, d. h. nach Frischs Tagebuchaufzeichnung (8. Stunde), er müßte ihn in Freiheit seine Individualität entfalten lassen. Als Lehrer der Andorraner hat er sich, wie die Schüler erarbeitet haben (HA der Gruppe 1), schon als junger Mann die Aufgabe gestellt, für die Wahrheit einzutreten. Der Doktor berichtet von ihm, daß er damals die Schulbücher zerrissen habe: „Er wollte andere haben, und als er dann doch keine anderen bekam, da hat er die andorranischen Kinder gelehrt, Seite um Seite mit einem schönen Rotstift anzustreichen, was (…) nicht wahr ist" (38). Damals hatte er also genügend geistige Freiheit, nicht nur die Unwahrheit zu erkennen, sondern auch gegen sie anzukämpfen und für die Wahrheit einzutreten.

(2) Wie Andri, so stellt auch Can die Frage nach der Wahrheit. Aber gerade er verschweigt die Wahrheit, lügt und verursacht damit das unglückliche Geschehen. Diesen Widerspruch zu verstehen fällt den Schülern nicht leicht. Der Text bietet zwei verschiedene Ansätze zur Erklärung, die die Schüler (in HA der Gruppe 2) wohl in unterschiedlichem Maße berücksichtigt haben und die diskutiert werden müssen.

(a) Die naheliegende Vermutung ist, daß Cans geistige Freiheit gegenüber den Andorranern in dem Augenblick aufhört, als „über die geistige Auseinandersetzung in der Schule hinaus, seine private Existenz betroffen worden war." (Hegele, S. 44) Die Senora ist dieser Ansicht. Sie fragt ihn, warum er seinen Sohn als gerettetes Judenkind ausgegeben habe, und gibt selbst die Antwort: „Weil auch du feige warst, als du wieder nach Hause kamst. Weil auch du Angst hattest vor deinen Leuten" (78). Als der Lehrer endlich unter dem Druck der Umstände die Wahrheit sagt, begründet er Andri gegenüber ebenso sein damaliges Verhalten: „Ein Andorraner, sagen sie, hat nichts mit einer von drüben und schon gar nicht ein Kind. Ich hatte Angst vor ihnen, ja, Angst vor Andorra, weil ich feig war –" (94) Er, der die Vorurteile durchschaut und die Wahrheit erkennt, paßt sich aus Feigheit und Opportunismus dem vorurteilsbefangenen Verhalten der Gruppe an. Er ist in dieser Beziehung nicht besser als die Andorraner; er ist „selbst (…) einer", wie die Mutter sagt (82).

(b) Die Schüler haben aber auch Textstellen gefunden, die einen zweiten möglichen Grund für Cans Verschweigen der Wahrheit erkennen lassen. Als zu Beginn des Geschehens der Tischler für die Lehre des vermeintlichen Judenjungen einen Wucherpreis fordert, prophezeit Can: „Sie werden sich wundern, wenn ich die Wahrheit sage. Ich werde dieses Volk vor seinen Spiegel zwingen, sein Lachen wird ihm gefrieren" (15). Demnach wäre die Lüge für ihn ein Mittel zur Entlarvung der Andorraner und ihrer Vorurteile. Die Senora mutmaßt darüber hinaus, Can habe auch die Schwarzen entlarven und die Andorraner dagegen absetzen wollen: „Vielleicht wolltest du zeigen, daß ihr so ganz anders seid als wir" (78).

Beide Textstellen belegen die mögliche pädagogische Motivation von Cans Lüge über Andris Herkunft bzw. sein Verschweigen der Wahrheit. Der idealistische Wahrheitssucher Can benutzt, so scheint es, die Lüge über Andris Herkunft als ein „Mittel politischer Pädagogik". Er will „seinen Landsleuten am Beispiel seines eigenen Sohnes beweisen, wie dumm ihr antisemitisches Vorurteil ist". (Hegele, S. 44)

(c) Die Schüler werden jetzt aufgefordert, im Gespräch miteinander die beiden Begründungen zu bewerten und zu überlegen, ob sie sich miteinander vereinbaren lassen. Sie kommen zu dem Ergebnis, daß die zweite Begründung für Cans Verhalten eher ein frommer Selbstbetrug ist und nicht überzeugend wirkt. Man muß beide Begründungen zusammensehen und „wird dieser Figur wohl am besten gerecht, wenn man annimmt, daß Can zwar Andri aus Feigheit einst für ein Judenkind ausgegeben hat, daß ihm aber stets bewußt blieb, was für ein unwiderlegbares Argument Andris wahre Herkunft gegenüber dem Wahn seiner Landsleute darstellte". (Hegele, S. 44) Can will aus der Not eine Tugend machen, d. h. er rechtfertigt sein ursprünglich negativ motiviertes Verhalten im nachhinein und unterlegt ihm einen positiven Sinn, den es ursprünglich nicht hatte.

Der Lehrer kann die Schüler informieren, daß man dieses Verhalten in der Psychologie als „Rationalisierung" bezeichnet und daß es sich hierbei, wie bei Verdrängung (4. Stunde), Projektion (5. Stunde) und Identifikation (6./7. Stunde), um eine Abwehrstrategie handelt: Negative Verhaltensweisen und Affekte, die das Bewußtsein stören, werden positiv uminterpretiert.

(3a) Die Schüler erkennen in einem nächsten Unterrichtsschritt auch, daß diese Strategie der Konfliktbewältigung beim Lehrer versagt und daß er in einen unlösbaren Widerspruch gerät.

Can erhebt den Anspruch, den Andorranern die Wahrheit aufzuzeigen, aber er kann selbst in seinem Leben diese Wahrheit nicht verwirklichen. Er schwankt zwischen Idealismus und Opportunismus. Dieses Dilemma führt zu einem Gewissens- und Rollenkonflikt, den er nicht verkraften kann. Er wird zum Trinker und verhält sich seiner Umgebung gegenüber gereizt und sogar aggressiv. Diese Reaktionsweisen kommen besonders dem Doktor gegenüber zum Ausdruck, wenn er, ihn verachtend und sich distanzierend, für ihn Demonstrativpronomina und Artikel verwendet: „diese Existenz" (41), „der hat uns noch gefehlt" (42), „dieser Herr" (42), „dieser Professor" (43), „dieser Patriot" (44), „dieser Akademiker" (42).

Besonders aggressiv wird der Lehrer, wenn jemand das Thema „Jude" anrührt. Als Andri meint, Can verweigere ihm die Heirat mit Barblin, weil er Jude sei, bricht aus Can der verdrängte Rollenkonflikt hervor: „Jud! Jedes dritte Wort, kein Tag vergeht, jedes zweite Wort, kein Tag ohne Jud, keine Nacht ohne Jud (...) Juuuud, Juud, Jud..." (47).

(b) Die Leitfrage „Wodurch wird Can zur Wahrheit gezwungen?" läßt die Schüler erkennen, daß der Lehrer erst dann handelt, als er durch äußere Umstände dazu gezwungen wird.

Als der Inzest droht, versucht er zuerst selbst, dann mit Hilfe des Paters Andri die Wahrheit nahezubringen; als die Schwarzen heranrükken, sagt er sie den Andorranern. Aber jetzt ist es zu spät. Weder Andri noch die Andorraner glauben ihm. Can muß erkennen, daß „die Lüge zur unaustauschbaren Realität geworden ist, daß es nicht möglich ist, eine einmal vollzogene Lebensgeschichte noch einmal umzutauschen." (F/S, S. 70) Resigniert stellt er fest: „Einmal werd ich die Wahrheit sagen – das meint man, aber die Lüge ist ein Egel, sie hat die Wahrheit ausgesaugt" (49).

Auch sein Bekennermut bei der Judenschau nützt nichts mehr. Er hätte rechtzeitig handeln müssen, aber er brachte nicht den Mut auf, den Andorranern, von denen er sich absetzen wollte und denen er doch in seinem Verhalten so ähnlich war, die Wahrheit zu sagen. Er vermag „aus der Freiheit des Wissenden keine Handlung abzuleiten". (Hegele, S. 45) Vielleicht verachtet er die Andorraner auch so sehr, weil er sich selbst in ihnen sieht, seine Unentschlossenheit, seinen Opportunismus, seine Feigheit und seine Vorurteilsbefangenheit in ihnen erkennt und haßt. Auch er versucht, seine negativen Verhaltensweisen, Schwächen und Affekte dadurch „los" zu werden, daß er sie „projiziert".

(4) In diesem für die Beurteilung der Figur des Lehrers wichtigen Unterrichtsschritt sol-

len die Schüler die Folgen erkennen, die Cans Verhalten für seinen Sohn, für seine Familie und für die Andorraner hat. Da es hauptsächlich um Beurteilungen und Bewertungen von Verhaltensweisen und ihren Konsequenzen geht, soll der Unterricht möglichst offen gestaltet werden.

Die Klasse wird deshalb in drei Gruppen eingeteilt. Jede Gruppe reflektiert einen Problembereich und trägt ihre Ergebnisse vor. Diese Arbeitsergebnisse werden anschließend in der Klasse diskutiert.

Can hat durch sein Verhalten die Werte und Ideen, für die er früher gekämpft hat, verraten. Er hat sich ein Bildnis von sich selbst gemacht, das eines „militanten Moralisten" (F/S, S. 70), der für Wahrheit, Unvoreingenommenheit und Toleranz kämpft, aber er hat diesem Bildnis nicht entsprechen können. Außer diesen Ideen hat er aber auch die Menschen verraten, mit denen er zu tun hatte.

(a) Wieso verrät er seinen Sohn Andri? Die erste Gruppe versucht diese Frage zu beantworten.

Frisch macht diesen Verrat an Andri mit biblischer Symbolik deutlich: Die Hähne krähen dreimal, als der Vater dem Sohn sein Leben, den Verrat am Leben des Sohnes, erzählen will (55). Wenn Can über Andris Herkunft die Unwahrheit sagt, so bedeutet dies, auch wenn er diese Lüge ins Pädagogische umfunktioniert, daß er in Andris Leben eingreift und seinen Sohn zum Demonstrationsobjekt seines eigenen Bildes von Andorra herabwürdigt. Er benutzt ihn, um den Andorranern zu zeigen, wie unsinnig ihre Vorurteile sind. Darin liegt Cans Schuld, seine „Versündigung an der Würde des Menschseins". (F/S, S. 70)

So versagt Can einmal als Vater, indem er seinen Sohn verrät. Andri sagt zu ihm: „Was du getan hast, tut kein Vater" (94).

(b) Wieso verrät der Lehrer seine Familie? Die zweite Gruppe untersucht dieses Problem.

Can hatte nicht den Mut, sich über die Vorurteile der Andorraner hinwegzusetzen und die Senora, die er liebte, zu heiraten – sie war eine „Schwarze": Er heiratete statt dessen eine Andorranerin, die „Mutter", die er so auch verrät, da er sie nicht wegen ihrer Person, sondern wegen ihrer Staatsangehörigkeit heiratet.

Can läßt außerdem Barblin im Glauben aufwachsen, Andri sei nicht ihr Bruder. Deshalb meint sie, er könne sie heiraten.

Die Mutter erkennt: „Du hast uns alle verraten, aber den Andri vor allem" (82).

(c) Die dritte Gruppe geht der Frage nach: Wieso verrät Can auch die Andorraner?

Es fällt den Schülern nicht ganz leicht einzusehen, daß Can als Lehrer in verschiedener Hinsicht versagt:

Einmal vermag er nicht, die Andorraner zu unvoreingenommenem Denken und zu Toleranz zu erziehen. Aber nicht nur, daß er an dieser Aufgabe scheitert, er lehrt sie durch sein Verhalten paradoxerweise die Vorurteile, die er äußerlich bekämpft. Ihr Bildnis von Andri und ihre Schuld „sind nicht nur die Konsequenzen tradierter Vorurteile, sondern auch die unmittelbare Folge der Lebenslüge Cans". (F/S, S. 70) Er „macht" Andri für die Andorraner zum Juden und ist so mitschuld am Tod seines Sohnes. (Vgl. St. 12)

Diese Folgerung, daß auch der Lehrer mitschuld an der Schuld der Andorraner ist, weil er sie durch seine Lüge in eine Situation gebracht hat, in der sie durch ihre Vorurteile schuldig werden, ist problematisch und wird von den Schülern auch nicht ohne weiteres akzeptiert. An dieser Stelle der Überlegungen kann deshalb eine Diskussion über den Schuldanteil des Lehrers stattfinden.

(Z) Nach diesen Überlegungen kann eine Unterrichtsphase angeschlossen werden, in der die Schüler das Verhalten des Lehrers unter dem Aspekt der in der 8. Stunde gewonnenen Erkenntnisse interpretieren.

Wie die übrigen Andorraner, so macht sich auch Can „Bildnisse" und „verrät" dadurch seine Mitmenschen, statt ihnen die Möglichkeit zur Persönlichkeitsentwicklung oder -änderung zu lassen.

Er sieht sich selbst als Kämpfer gegen Vorurteile und für die Wahrheit und merkt nicht, daß er dies seit dem Verschweigen von Andris Herkunft nicht mehr ist.

Er gibt seinen Sohn als Pflegesohn und Juden aus und formt dadurch das „Bildnis" vor, in das die Andorraner ihn dann pressen können – statt ihm die Freiheit zur Wesensentfaltung zu lassen.

Er macht die Senora und Barblin zu Menschen, die blutsmäßig mit Andri nichts zu tun haben, statt ihnen die Möglichkeit zu geben, ihn als Sohn und Bruder zu erkennen.

Er verrät seine Frau, da er sie nur heiratet, weil sie Andorranerin ist. Er verschweigt ihr auch Andris Herkunft und nimmt ihr die Möglichkeit, Andri zu akzeptieren.

Er präsentiert seinen Mitbürgern Andri als Jude und läßt die an sich schon vorurteilsbefangenen Andorraner dadurch in noch größere Schuld geraten, statt auch ihnen die Möglichkeit zu geben, ihre Vorurteile zu bekämpfen.

(5) Can erkennt – im Gegensatz zu den Andorranern – seine Schuld und sühnt sie durch seinen Selbstmord an dem Ort, in dem er angetreten war, die Vorurteile zu bekämpfen und der Wahrheit zu dienen: der Schulstube. Nach diesen Überlegungen können die Schüler erkennen, daß man auch im Zusammenhang mit Can von Tragik sprechen kann. Der Lehrer war einmal ausgezogen, um die Lüge zu zerstören. Er scheitert jedoch und ist schuldig geworden, weil er, „der Wissende, den eigenen Sohn geopfert hat". (Hegele, S. 45) Er wußte die Wahrheit, aber er konnte sie nicht leben.

In einer letzten Überlegung wäre es möglich, die Schüler Verhaltensalternativen aufzeigen zu lassen: Wie hätte sich der Lehrer anders verhalten können? Wie hätte sich die Situation entwickelt, wenn er die Wahrheit gesagt hätte? Zu welchem früheren Zeitpunkt hätte er sie sagen können?

(Z) Es besteht die Möglichkeit, die Situation durch szenisches Spiel zu veranschaulichen. Zwei Schüler übernehmen die Rollen des Lehrers und Andris und diskutieren unter freier Verwendung der Argumente des Textes und der Unterrichtsergebnisse miteinander, warum der Lehrer nicht die Wahrheit über Andris Herkunft gesagt hat und welche Folgen dies für Andri hatte.

Erreicht werden auf diese Weise größere persönliche Betroffenheit und ein intensiveres innerliches Nachvollziehen der Argumente sowohl bei den beiden Schülern als auch bei der Klasse, die zuhört und anschließend die Diskussion beurteilt.

Hausaufgabe

Die in der 4. Stunde angedeuteten, in den Stunden 5, 6/7 und 9 analysierten Konflikte um Andri, den Lehrer und die Andorraner finden ihre gewaltsame Lösung im 12. Bild, der „Judenschau", das wegen dieser besonderen Bedeutung als Einheit interpretiert werden soll. Als Vorbereitung dazu sollen die Schüler gruppenweise das Verhalten wichtiger Figuren in dieser Extremsituation beschreiben, und zwar das des Wirtes, Doktors und Lehrers.

10. Stunde:
Die Judenschau (12. Bild)

Vorbemerkungen

Die Notwendigkeit, dieses 12. Bild genauer zu interpretieren, ergibt sich aus seiner formalen und inhaltlichen Besonderheit. Die formale Bedeutung wurde in der 3. Stunde dargestellt: In der „Judenschau" vereinigen sich die dramatischen Elemente – der Konflikt zwischen Cans Familie und Andri – mit den epischen – dem Verhalten der Andorraner Andri gegenüber. Dieses Bild stellt den Endpunkt von Entwicklungen dar, die im ersten Bild schon angedeutet werden. Hat das erste Bild Expositionscharakter (4. Stunde), so enthält dieses 12. Bild die „Katastrophe" und entspricht damit dem 5. Akt im klassischen Drama.

Die inhaltliche Bedeutung der „Judenschau" ergibt sich aus dem vorangegangenen Geschehen: Die Andorraner pressen Andri, der vom Lehrer als Jude ausgegeben wird, so lange in das „Bildnis" des Juden, bis er nicht mehr anders kann und es annimmt. Jetzt, bei der Judenschau, findet der Lehrer endlich den Mut, öffentlich die Wahrheit zu sagen, aber er muß erleben, daß die Andorraner weder ihm noch seiner Frau in dieser Extremsituation glauben, Andri preisgeben und ihn von den Schwarzen töten lassen.

Die Verbindung der beiden Handlungsstränge wird auch dadurch deutlich, daß alle am dramatischen und epischen Geschehen beteiligten Personen – außer dem Pater – auf der Bühne sind. Die Schüler erinnern sich, daß in den Theateraufführungen und -kritiken (2. Stunde) die „Judenschau" besonders im Mittelpunkt des kritischen Interesses stand, und sie erkennen, auch vor dem Hintergrund der bisherigen unterrichtlichen Schwerpunktsetzung, daß Frisch den Akzent im 12. Bild verschiebt: Es steht nicht mehr die persönliche Thematik der Identität im Mittelpunkt der Darstellung wie in den früheren Bildern (1–9), sondern das Problem des Antisemitismus wird betont.

Die Schüler wurden schon früher darauf aufmerksam gemacht, daß im Stück zwei Problemkreise miteinander verbunden sind: Sie erkannten in der 3. Stunde die beiden Handlungsstränge, wurden jedoch noch nicht auf die Unterschiedlichkeit der Probleme hingewiesen.

In der 8. Stunde wurde dann u. a. erarbeitet, daß Frisch in „Andorra" das Bildnisproblem durch den besonderen Fall des Antisemitismus veranschaulicht.

In dieser (10.) Stunde wird nun die Akzentverschiebung von der Persönlichkeitsproblematik zum Massenwahn des Antisemitismus besonders dadurch deutlich, daß Frisch in der „Judenschau" die Verfolgung, Aussonderung und Tötung des Juden szenisch sehr aufwendig gestaltet.

Die Problematik der Akzentverschiebung, die durch die Verbindung und Überlagerung der Problembereiche bedingt ist, wird in der 14. Stunde nochmals thematisiert und vertieft.

Die Schüler sollen erkennen,

– welche inhaltliche und formale Bedeutung die „Judenschau" für das Gesamtgeschehen hat
– wie sich die Andorraner in der Extremsituation nach dem Einmarsch der Schwarzen verhalten und welches die Motive für dieses Verhalten sind
– wie die Familie Andri zu retten versucht und warum sie scheitert
– welche Absicht Frisch mit dieser Szene verfolgt und welchen der beiden miteinander verknüpften Problembereiche er durch sie besonders akzentuiert.

Stundenverlauf

(1) Nach der Wiedergabe des Inhalts der Szene verdeutlichen die Schüler die Situation, indem sie das bisherige Geschehen beschreiben:
Die „Schwarzen" haben nun doch das „Volk ohne Schuld" (70) überfallen – äußerer Anlaß war die Ermordung der Senora –, und die „ganze Welt" hat Andorra im Stich gelassen. Die Andorraner geben die Waffen ab (95). Sie können es auch tun, denn „kein Andorraner hat etwas zu fürchten", wie der fah-

rende Lautsprecher dröhnt (92). Der Lehrer geht umher und sagt die Wahrheit über Andris Herkunft, aber niemand glaubt ihm (93). Andri erkennt, daß ein „Sündenbock" gebraucht wird (93), und bekennt sich zum Schicksal des jüdischen Volkes (95). Er wendet sich nun endgültig von Barblin ab, die ihn als ihren Bruder verstecken will, und wird in ihrer Kammer vom Soldaten verhaftet (102). Barblin wird von dem als Judenhure beschimpft, der mit ihr geschlafen hat (103). Der Soldat ist nun doch lieber Untertan als tot und steht voll im Dienst der neuen Machthaber. Ihm ist es gleich, wer die Befehle gibt und welchen Inhalt sie haben, denn „Befehl ist Befehl" (95) lautet die überzeugende Rechtfertigung. Die Schwarzen suchen nun nach dem Mörder der Senora und besonders nach dem „Jud".

(2a) Zu diesem Zweck wird die Judenschau organisiert. In ihr vereinigen sich die zwischen den Hauptpersonen spielende Handlung und die episierend-demonstrierenden Teile des Geschehens. (vgl. 2. Stunde) Sie stellt zwar nicht den entscheidenden Wendepunkt des Stückes dar, der, wie die Schüler wissen, im 9. Bild zu sehen ist, als Andri sich weigert, die Wahrheit über seine Herkunft zu akzeptieren. Aber sie bildet den „theatralischen Höhepunkt des Stückes" (Knapp, S. 23) und hat so ein besonderes Gewicht. Das dramatische Geschehen zwischen Can und Andri spielt nur noch eine geringe Rolle. Es geht in diesem Bild hauptsächlich, so erkennen die Schüler, um die eindeutige Demonstration antisemitischen Verhaltens am Beispiel der Aussonderung und Vernichtung des „Juden" Andri.

Die Judenschau „ist eine Maßnahme zum Schutze der Bevölkerung in befreiten Gebieten" (114). Die totalitäre Sprachregelung wird deutlich, und der präzise ablaufende Mechanismus der Selektion erinnert an die Vernichtungsmaschinerie in Konzentrationslagern, obwohl Frisch diese „Schau" als eine „freie Erfindung" bezeichnet, „um so unheimlicher, je weniger sie an historische Fakten erinnert". Sie ist „mystisch, mittelalterlich, wie der Antisemitismus überhaupt". (MF, in: W/S, S. 60) Frisch will sie als „eine große Pantomime" inszeniert sehen, „der Hauptvorgang ist optisch, oft lautlos." (MF, in: W/S, S. 61)

Die Schwarzen schweigen, „die haben keine Sprache" (MF in W/S, S. 53) der Judenschauer schweigt, die Anordnungen und Befehle werden durch Lautsprecher und Plakate vermittelt; die Sprache reduziert sich auf Signale der Trillerpfeife und auf Trommelwirbel. Auf diese Weise entsteht eine Atmosphäre gespenstischer Unheimlichkeit, in der das anonyme Vernichtungsstreben dem Leiden des einzelnen gegenübersteht.

(b) An dieser Stelle können die Schüler schon Vorüberlegungen über Wesen und Bedeutung der „Schwarzen" anstellen.

Frisch sagt: „Die Schwarzen sind hier nicht mehr als eine Maschine, es interessiert überhaupt nicht, wer die sind (...)." (In: W/S, S. 53) Assoziationen an die SS treten beim deutschen Zuschauer sicher auf, wenn auch Frisch bei der Uniform jeden „Anklang an die Uniform der Vergangenheit" vermieden sehen will. (MF, in: F/S, S. 51) Frisch sagt, er meine nicht die SS, denn das, „was in Andorra geschieht, das könnte sich überall ereignen, wenn die Voraussetzungen gegeben" sind. (MF, in: W/S, S. 54) Es geht ihm um die Modellhaftigkeit des Geschehens.

Die schwarze Farbe bezeichnet das Böse, das sich im Menschen aus punktuellen Anfängen heraus entwickelt und sich schließlich verselbständigt und in den Personen realisiert. Die Schüler erkennen: Die „Schwarzen" stehen einmal als Symbol für Unterdrückung und Vernichtung. Sie verkörpern aber auch die in den Andorranern selbst herrschende Tyrannei der Bildnisse und Vorurteile. Sie „sind stumm, weil sie keine eigenständigen Bühnenfiguren, sondern bloße Bewußtseinsinhalte sind". (F/S, S. 51)

(3 a) Auf diese Weise läßt sich auch das Verhalten der Andorraner den Schwarzen gegenüber interpretieren. Sie müssen sich mit schwarzen Tüchern das Gesicht vermummen und verhüllen dadurch ihre Individualität. Einmal soll dadurch verdeutlicht werden, daß der Judenschauer zwar scheinbar gerecht vorgeht, indem er ohne Ansehen der Person urteilt, allein nach äußerlichen Gesten, daß aber andererseits in diesem Verhalten die reine Willkür liegt: Je nachdem, wie gehemmt und verklemmt einer vorbeigeht, fällt das Urteil aus. Jeder kann es sein, der Jemand ist es auch zuerst (121). Zu dieser Hemmung trägt nicht zuletzt das Bildnis bei, in dem der Betreffende sich gefangen fühlt. Andererseits aber wird durch die schwarze Verhüllung die Gleichsetzung der Andorraner mit den Schwarzen deutlich. Das schwarz verhüllte Gesicht der Andorraner „ist das uniforme Gesicht der schwarzen Mörder, ihre Sprache ist die der Schwarzen: Opfer und Täter erscheinen in ununterscheidbarer Identifikation". (F/S, S. 51) Diese „Identifikation" – der Begriff ist aus der 6./7. Stunde als Bezeichnung für eine bestimmte Strategie seelischen Abwehrverhaltens bekannt – äußert sich im überangepaßten und bewundernden Verhalten der Andorraner. „Was sollen *unsere* Ausländer sich denken!" meint der Soldat vorwurfsvoll, als die schwarzen Tücher nicht ordentlich zusammengelegt werden (116), und der Doktor, obwohl selbst betroffen, bewundert das perfekt organisierte Vorgehen: „Das nenne ich Organisation, Seht euch das an! Wie das klappt." (107) (HA der Gruppe 2)
(b) Die Andorraner reagieren trotz dieser Bewunderung ängstlich und nervös. Jeder befürchtet mit Recht, daß er, wenn seine Individualität durch die Verhüllung nicht sichtbar ist, als „gesellschaftlicher Jude" bestimmt werden kann. Besonders der Wirt hat Angst (HA der Gruppe 1). Er hat die Senora durch einen Steinwurf getötet und hat am ehesten Grund, seine Schuld zu verhüllen.

Aber er fürchtet am meisten einen möglichen Irrtum (110) und weigert sich anfangs, sich zu verhüllen „aus Angst, gerade die Verhüllung könnte zur Enthüllung führen". (Eckart, S. 45) Erst als ihn der Lehrer als Mörder kennzeichnet, als er sich also „enthüllt" sieht, verhüllt er sich „und mischt sich unter die Vermummten" (111).
Die schwarzen Tücher sind also auch Symbole der Schuldverdrängung, des Verdeckens der Wahrheit. Die schuldigen Andorraner tauchen in die Anonymität, die sich den Schwarzen ähnlich macht, und entziehen sich jeglicher Verantwortung. „Wer unter ihnen der Mörder ist, sie untersuchen es nicht. Tuch drüber! Sie wollen's nicht wissen" (113), sagt der Lehrer.
Auf die Symbolik des Verhüllens und Enthüllens, die hier deutlich wird, soll erst in der 13. Stunde ausführlicher eingegangen werden.

(4 a) Die Andorraner warten, bis Andri als Jude „enthüllt" wird. Dann sind sie erlöst. Die Familie Andris versucht indessen noch zu retten, was nicht mehr zu retten ist.
Zuerst versucht Barblin, die Andorraner zum Widerstand zu bewegen. Aber „man kehrt ihr den Rücken, sie irrt weiter" (107). Die Andorraner wollen und wagen keinen Widerstand (107). Daß Andri „selektiert" wird, entspricht ihren Interessen. Barblin „wird weggeschleift" (116), und die Schüler sehen zum ersten Mal, wie Vorurteile in Gewalt umschlagen.
(b) Die Mutter und der Lehrer versuchen das drohende Unheil für Andri dadurch zu verhindern, daß sie die Wahrheit über seine Herkunft öffentlich machen.
Die Schüler beschreiben und beurteilen das Verhalten dieser beiden Personen genauer: Die Mutter, obwohl von Can selbst betrogen und verraten, bezeugt die Wahrheit. Sie sagt, daß Andri kein Jude sei und auch den Stein nicht geworfen habe (122). Doch ihr Zeugnis wird nicht mehr akzeptiert, als aus Andris

Tasche „Judengeld" fällt. Das Verhalten des Lehrers wurde in der vorigen Unterrichtsstunde genauer interpretiert. In der „Judenschau" wird deutlich, daß er jetzt, mit allem Mut und ohne Konsequenzen zu fürchten, die Wahrheit sagt: „Andri ist mein Sohn" (112, 114, 122, 123). Aber dieser späte Durchbruch zur Wahrheit ist vergeblich, und der einzige, dem man diese Wahrheit vielleicht abnähme und der bezeugen, könnte, daß Andri den Stein nicht geworfen hat, der Pater, ist „in dieser Stunde" nicht gekommen (115). Der Vater resigniert und fordert, nachdem Andri abgeführt wird, die Andorraner verbittert auf: „Geht heim vor euren Spiegel und ekelt euch" (123).

(5) Die Schüler haben vielleicht Schwierigkeiten, die Notwendigkeit der Judenschau von der Handlung her einzusehen:
Durch die Judenschau wollen die Schwarzen beweisen, daß Andri Jude ist. Sie „sind ‚korrekt', sie hören nicht auf die Andorraner, sie haben ihre eigene Methode". (MF, in: W/S, S. 60) Andri ist völlig isoliert. Er fühlt sich weder seiner Familie noch den Andorranern zugehörig. Er hat sich mit dem Tuch vermummt und kann eine Zeitlang hoffen, nicht entdeckt zu werden. Doch im zweiten Anlauf wird er vom Judenschauer als Jude ausgesondert, „weil er durch die Andorraner dazu gemacht worden ist". (MF, in: W/S, S. 63) Als der Lehrer ihn auffordert, zu reden und die Wahrheit auf sich zu beziehen, lächelt er nur (123). Er hat *seine* Identität gefunden. Als er den Ring hergeben soll, den seine Mutter, die Senora, ihm gegeben hat, gibt er zum ersten Mal seine Passivität auf und wehrt sich. Gerade der geldgierige Tischler interpretiert dieses Verhalten als typisch jüdisch (123). Die Schüler sehen zum zweiten Mal, wie Vorurteile sich in Gewalt und Vernichtung umsetzen: Andris Finger wird abgehackt, und er selbst „wird abgeführt" (123).

(6a) Die Familie zerbricht an der Katastrophe, wie in der kurzen Nachszene deutlich wird. Can verübt Selbstmord im Schulzimmer. Barblin wird wahnsinnig und weißelt wieder, nun aber das Pflaster (124). Sie versucht Andorra zu entsühnen. Der Kreis ist geschlossen, aber die Unterschiede werden deutlich: „Die ehemals gesunde Barblin weißelte ohne Einsicht in den tieferen Sinn ihres Tuns, die nun kranke Barblin ist wissend." (Eckart, S. 44) Ihr Weißeln jetzt kann als Versuch gesehen werden, den Mord zu sühnen, den die andern nicht sehen wollen (vgl. Stunde 13).

(b) Die Andorraner „verlieren sich nach allen Seiten" (123) und „verschwinden in der Pinte" (124). Sie gehen offensichtlich zur Tagesordnung über und verdrängen das Geschehen. Für sie gilt, was der Doktor schon vor der „Judenschau" sagt: Es „bleibt alles wie bisher. (…) Ich bleibe Amtsarzt, und der Wirt bleibt Wirt, Andorra bleibt andorranisch…" (106) Diese letzte Bemerkung macht die Folgenlosigkeit des Geschehens erschreckend deutlich. Auch der Lehrer sieht dieses Ergebnis voraus: „Daß einer sie fortan bewirtet mit Mörderhänden, es stört sie nicht. Wohlstand ist alles! (…) Und einer von ihnen ist doch ein Meuchelmörder. Tuch darüber! Sie hassen nur den, der sie daran erinnert –" (113) Diese verallgemeinernde Bemerkung macht den Bezug der Nachkriegsdeutschen zu ihrer Vergangenheit und zu den Menschen, die bei der Vernichtung der Juden eine besondere Rolle gespielt haben, besonders deutlich.
Die Schüler erkennen, daß die Andorraner ihre Schuld „verdrängen". Auf dieses Problem der Schuldverdrängung nach dem Geschehen wird in der 11. Stunde bei der Analyse der Aussagen der Andorraner an der Rampe genauer eingegangen.
Eine gewisse Wirkung scheint das Geschehen allerdings doch auf die Andorraner zu haben. Der Tischler meint: „Das mit dem Finger ging zu weit" (124). Frisch kommentiert

diese Äußerung, indem er wieder den politischen Bezug herstellt: „Die Meldung, daß fünf Millionen vergast worden sind, erträgt fast jedermann, aber nicht die Grausamkeit am kleinen Finger, die für alles steht." (MF, in: W/S, S. 63)

Zur Veranschaulichung und Verdeutlichung des Geschehens kann an dieser Stelle des Unterrichts der Schluß des letzten Bildes (ab S. 124 Mitte) von der Platte eingespielt werden.

Dies bedeutet zum einen eine Intensivierung der Wirkung des Textes und stellt zum anderen eine Überleitung zum nächsten Unterrichtsschritt dar.

(7) In diesem Unterrichtsschritt sollen die Schüler zusammenfassend die Intention erarbeiten, die Frisch mit dem 12. Bild verfolgt. Sie tun dies in Partnerarbeit, teilen anschließend ihre Ergebnisse der Klasse mit und lassen sie von ihr diskutieren.

Diese Szene hat die verschiedenen Handlungsstränge zu einer erschreckenden Lösung geführt. Sie zeigt, wie die Familie des Lehrers Can an den Folgen der Lüge, die Andris Rolle sozial determiniert hat, zugrunde geht.

Am Anfang des Geschehens standen harmlos scheinende Vorurteile, am Ende schlagen diese Vorurteile in körperliche Gewaltanwendung (Barblin, Andri) und Vernichtung (Andri) um. Es wird gezeigt, wie das anonyme Vernichtungsstreben der Gesellschaft den Leiden des Außenseiters, des „gesellschaftlichen Juden", gegenübersteht.

Sind die Schüler gedanklich mitgegangen, so erkennen sie, daß Frisch den Schwerpunkt verschoben hat: In den ersten Bildern stand die Bildnisproblematik im Vordergrund. Der Antisemitismus war ein Sonderfall dieses Hauptproblems.

In der „Judenschau" ist es umgekehrt. Diese Szene macht zwar deutlich, wohin das „Bildnis" Andri letztlich gebracht hat, aber der Antisemitismus der Schwarzen, der Andri vernichtet, bindet in besonderer Weise die Aufmerksamkeit des Zuschauers, und zwar durch den theatralischen Aufwand seiner Darstellung im 12. Bild. Die Äußerung Frischs: „Eigentlich handelt das Stück gar nicht vom Antisemitismus. Der Antisemitismus ist nur ein Beispiel" (in: W/S, S. 54) täuscht über diese Akzentverschiebung hinweg. Auf die Bedeutung der Verlagerung des Schwerpunktes im zweiten Teil des Stückes wird in der 14. Stunde genauer eingegangen.

Hausaufgabe

Die „Judenschau" lenkt das Interesse der Schüler wieder auf die Andorraner und ihr Verhalten während des Geschehens. Das Verhalten der Andorraner nach dem Geschehen ist deshalb Gegenstand der nächsten Stunde. Die Schüler sollen das Thema gruppenweise vorbereiten:

1. Gruppe:
In welchen Stufen werden die Informationen über Andris Schicksal den Zuschauern vermittelt?

2. Gruppe:
Beschreibe und interpretiere die Aussagen des Wirtes, Tischlers, Soldaten, Paters, Jemands, Doktors vor der Schranke! (Evtl. Aufteilung in Untergruppen)

11. Stunde:
Die Zeugenaussagen

Vorbemerkungen

In der vorigen Stunde rückte das Verhalten der Andorraner wieder in den Mittelpunkt der Betrachtung. Sie erleben als Augenzeugen mit, wie Andri, den sie zum Juden gemacht haben, von den Schwarzen ausgesondert und weggeschafft wurde; sie tun nichts dagegen und gehen zur Tagesordnung über. Frisch läßt sie jedoch nicht nur das Schicksal miterleben, das sie ihrem „gesellschaftlichen" Juden zuteil werden lassen, er läßt die Andorraner auch von einer anderen Zeitebene aus zum Geschehen Stellung beziehen, um ihre Unbelehrbarkeit zu demonstrieren und die Abwehrhaltung der „Verdrängung" deutlich zu machen, mit der sie der Vergangenheit und ihrer Schuld begegnen.

Diese Absicht Frischs wurde ansatzweise schon in der 1. Stunde von den Schülern erkannt, als sie die Veränderungen von der Prosaskizze „Der andorranische Jude" zum Drama „Andorra" untersuchten. In der 3. Stunde wurde die formale Besonderheit der Zeugenaussagen als Mittel, das Zeitkontinuum zu durchbrechen, durch den Tafelanschrieb optisch veranschaulicht.

Auf diese Erkenntnisse wird in dieser Stunde zurückgegriffen. Im Mittelpunkt stehen Analyse und Beurteilung der Aussagen, die die Andorraner an der Schranke über ihre Beteiligung an dem Geschehen machen, das zu Andris Tod führt, sowie die Intention, die Frisch mit diesen Zeugenaussagen verbindet.

Die Schüler sollen erkennen,

– daß die Zuschauer durch die Zeugenaussagen Informationen über Andris Vergangenheit und über sein zukünftiges Schicksal erhalten, die die Spannung vom Ausgang auf den Vorgang hin verlagern helfen

– daß die Andorraner aus den schrecklichen Ereignissen nichts gelernt haben und nach wie vor in ihren Vorurteilen befangen sind

– daß sich die Figuren an Stelle des Publikums rechtfertigen

– daß es Frisch um eine Demonstration falscher Vergangenheitsbewältigung geht.

Stundenverlauf

(1) Die Leitfrage „Welche formale und inhaltliche Funktion haben die Zeugenaussagen?" läßt die Schüler erkennen, daß diese

Auftritte an der Schranke zu den episch-demonstrierenden Elementen des Dramas gehören. Die Schüler erinnern sich, daß die Selbstverteidigungen und Rechtfertigungen vor der Schranke in erster Linie für den Zuschauer gedacht sind. Sie beeinflussen sein Rezeptionsverhalten dadurch, daß sie Hinweise auf den Ausgang, auf den Tod Andris enthalten, ohne allerdings zu sagen, wann und wie diese Katastrophe eintritt.

Die Schüler wissen auch noch, was Frisch mit dieser von Brecht übernommenen „epischen" Technik erreichen will: Der Zuschauer soll das Geschehen nicht bloß neugierig und engagiert verfolgen, sondern er soll darüber nachdenken, wie es zu dem frühzeitig bekannten Ergebnis kommen konnte bzw. ob es dazu kommen mußte oder ob und wie es hätte vermieden werden können.

(2 a) Die Andorraner, die mit Andris Leben mehr oder weniger schuldhaft verbunden sind, verlassen ihre Rolle, treten sich selbst gegenüber und beurteilen ihr früheres Verhalten Andri gegenüber scheinbar von außen. Die Schüler erkennen, daß diese Distanzierung der Andorraner auf dreifache Weise geschieht:

a) Sie verlassen die Spielebene, treten in den „Vordergrund" an die „Zeugenschranke" und entfernen sich so räumlich vom Geschehen.

b) Sie verlassen damit die gespielte Zeit und springen in die Spielzeit, also in die Zeit des jeweiligen Zuschauers. Diese zeitliche Distanzierung wird auch daran deutlich, daß sie retrospektiv über das zurückliegende Geschehen sprechen. Die Zeitform ihrer Aussagen: „nach Jahr und Tag" (24); „damals" (24, 89): „es war" (36, 105); „später" (29, 36) kennzeichnet diese Aussagen als Rückgriffe.

c) Die Personen sind anders gekleidet: „Wirt, jetzt ohne Wirteschürze" (24), „Geselle, jetzt in einer Motorradfahrerjacke" (36), „Soldat, jetzt in Zivil" (58). Der Zuschauer sieht so den äußeren Wandel, er erwartet jedoch vergeblich, daß dieser Wandel Sinnbild für eine Gesinnungsänderung ist, und stellt erschreckt die Unbelehrbarkeit dieser Personen fest.

(b) Die Schüler überlegen, welche Bedeutung es für den Zuschauer hat, daß die erste Zeugenaussage schon nach dem ersten Bild eingebaut ist. Sie können erkennen, daß diese Rückgriffe für den dramatischen Teil der Handlung als Vorgriffe fungieren: Die Andorraner an der Schranke geben Informationen, die der Zuschauer zu diesem Zeitpunkt noch nicht haben kann.

Die Informationen werden nicht auf einmal, sondern „scheibchenweise" gegeben (Einarbeitung der HA der Gruppe 1). Bereits nach dem ersten Bild erfährt der Zuschauer aus der Zeugenaussage des Wirts, daß Andri kein Jude, sondern der Sohn des Lehrers sei und daß es „so" kommt (24). Nach dem dritten Bild erfährt er, daß „sie" Andri „geholt haben später" (36), nach dem sechsten Bild, daß Andri „getötet" worden ist (58), nach dem neunten Bild, daß es „Soldaten" waren, die „ihn" holten (89), und nach dem elften Bild, daß „Greuel" und „Mißhandlungen" vorgekommen seien (104 f.). Im zwölften Bild wird das vorher Angedeutete dann vorgeführt, und der Zuschauer erkennt jetzt rückwirkend und schlagartig, wie die rechtfertigenden Äußerungen der Andorraner zu bewerten sind.

(3) Auf der Grundlage der Arbeitsergebnisse der einzelnen Untergruppen, die die Aussagen der einzelnen Andorraner genauer untersuchten (HA der Gruppe 2), wird herausgefunden, daß es drei verschiedene, jedoch miteinander verbundene Haltungen zur Schuld am Schicksal Andris gibt.

(a) Die Andorraner bestreiten ihre Schuld mit fast gleichlautenden Worten: „Ich bin nicht schuld" meinen Wirt (24), Tischler (29), Geselle (36) und Doktor (105). Der Soldat vertritt den bekannten Standpunkt:

„Order ist Order" (58), und der Jemand will „nicht der Weltenrichter" sein (89).

Er schiebt die Gefühle und Erlebnisse, die ihn in Konflikt mit seinem Gewissen oder der Umwelt bringen würden, aus seinem Bewußtsein und vertritt damit, wie die Schüler sich erinnern (4. und 9. Stunde), die typische Abwehrhaltung der „Verdrängung": „Einmal muß man auch vergessen können" (89).

(b) Die Personen distanzieren sich aber von der Grausamkeit der Verfolgung. Der Doktor glaubt „im Namen aller zu sprechen" (105) und sagt, er sei „nicht für Greuel" und sei es „nie gewesen" (104). Seine ihn entlarvende Aussage kann an dieser Stelle in den Unterricht eingespielt (Platte!) und als Basis für eine genauere Interpretation verwendet werden.

Falls keine eigene Unterrichtsstunde zur Untersuchung des Sprachverhaltens der Personen vorgesehen ist, sollte man an dieser Stelle ausführlicher die Sprache des Doktors analysieren, die außerordentlich aufschlußreich für seine Haltung der Vergangenheit gegenüber ist: Er kombiniert „ich" und „wir" an jenen Stellen seiner Aussage, „an denen er sich einer klaren Schuld bewußt ist, wo er die Schuld nicht nur auf das Kollektiv der Andorraner abzuschieben sucht, um den persönlichen Schuldanteil zu verringern, sondern auch offen die Mitschuld des Ermordeten postuliert und so die gemeinsame, wie die individuelle Schuld nochmals verkleinert" (F/S, S. 58):

„Ich gebe zu: Wir haben uns damals alle getäuscht (…) – Ich kann nur sagen, daß es nicht meine Schuld ist, einmal abgesehen davon, daß sein Benehmen (was man leider nicht verschweigen kann) mehr und mehr (sagen wir es offen) etwas Jüdisches hatte (…)." (104)

Der Doktor verwendet kurze, einprägsame Sätze für entlastende, Hypotaxen in Parenthesen und verallgemeinernde Adjektive und Adverbien für schuldverdrängende Passagen. Er sagt zweimal, er „fasse sich kurz"

(104), dabei ist seine Aussage die umfangreichste von allen. Auf diese Weise wird schon durch die Form der Aussage ihr Inhalt widerlegt.

Auch seine Wortwahl läßt das Bemühen um Distanzierung und Verlagerung der Schuld auf Gegebenheiten, die nicht vom Menschen zu beeinflussen sind, erkennen:

Er erinnert an die „aufgeregte Zeit" damals und „bedauert" die „tragische Geschichte" und den „Lauf der Dinge" (105). Der Doktor und auch die andern Personen leugnen zwar persönliche Schuld, aber sie „geben" gern fehlerhafte Verhaltensweisen Andri gegenüber „zu": der Tischler, daß er mit der Forderung von 50 Pfund für Andris Lehre erreichen wollte, daß Andri keine Tischlerlehre beginnt; der Geselle den Betrug mit dem Stuhl; der Soldat sagt sogar, daß er Andri damals nicht leiden konnte; und der Jemand meint immerhin, es sei nicht erwiesen, wer den Stein warf. Damit hebt er zwar einen Teil des Verdachtes von Andri, läßt aber den andern Teil noch auf ihm ruhen, obwohl er es mittlerweile besser wissen müßte.

Auch der Wirt „gibt zu", daß sich „alle getäuscht" haben (24). Dieses Eingeständnis wird jedoch relativiert, wenn der Geselle, wie auch später der Doktor, meint: „Es lag auch an ihm, sonst wär's nie so gekommen." (36) Der Doktor rückt ebenfalls nicht ganz von seinem Vorurteil ab, wenn er immer noch bezweifelt, daß Andri Andorraner war: „mag sein" (104).

Der Soldat geht noch über diesen Zweifel hinaus: „Übrigens glaub ich noch heut, daß er einer gewesen ist." (58) Er meint natürlich: ein Jude. Auch sein Vorurteil kann nicht durch Erfahrung erschüttert werden.

(c) Nach Ansicht der Schüler stellt der Pater, was die Selbstbeurteilung vom späteren Zeitpunkt her angeht, eine Ausnahme unter den Andorranern dar. Seine Aussage muß deshalb genauer untersucht und mit seinem damaligen Verhalten verglichen werden.

Der Pater hat nicht die Kleidung gewechselt und „kniet". Er hat sich also noch nicht völlig von seiner Rolle als „Christ von Beruf" (84) gelöst und bekennt persönliche und kollektive Schuld: „Auch ich bin schuldig geworden damals. (…) Auch ich habe mir ein Bildnis gemacht von ihm, auch ich habe ihn gefesselt, auch ich habe ihn an den Pfahl gebracht." (65)

Dieses Schuldbekenntnis wird allerdings durch das „damals" etwas abgeschwächt und betrifft auch nur einen Teil seines Versagens. Er gibt zwar zu, daß er sich – positive – Vorurteile von Andri gemacht und damit Andri „gefesselt" und letztlich getötet hat, er spricht jedoch nicht von seinem Verhalten bei der Judenschau, als er feige und nicht zur Stelle war, um die Wahrheit über Andri zu bestätigen. „Wo bleibt der Pater in dieser Stunde?" fragt der Lehrer, „Der Pater weiß die Wahrheit –" (115). Auch der Pater verdrängt also einen Teil seiner Schuld und ist unfähig, die Vergangenheit ganz zu bewältigen. Auf diese Schuldproblematik wird in der 12. und 13. Stunde abschließend eingegangen.

(4) Die Schüler überlegen nun als nächstes, welche Erkenntnis der Zuschauer auf Grund der Zeugenaussagen gewinnt (Stillarbeit).

Die äußere Verwandlung der Andorraner sowie der zeitliche und räumliche Abstand sollen dem Zuschauer eine Veränderung der Einstellung dem vergangenen Geschehen gegenüber suggerieren. Aber er muß erkennen, daß die Personen im Vordergrund trotz Abstand und Kenntnis der Wahrheit das Geschehen von „damals" weiterführen und ihr Versagen bagatellisieren und zu verdrängen suchen. „Sie fallen nur vorübergehend aus ihrer ‚dramaturgischen', für keinen Augenblick jedoch aus ihrer ‚sozialen' Rolle." (Pütz, in: W/S, S.129)

Die Diskrepanz zwischen der Rechtfertigung des damaligen Verhaltens und der Verurteilung dieses Verhaltens durch die Zuschauer wächst mit dem Fortschreiten der Handlung:

Je deutlicher die Schuld der Andorraner Andri gegenüber durch die Handlung vorgeführt wird, um so grotesker wird der Gegensatz zwischen Verhalten und Selbstbeurteilung. Die Andorraner entlarven sich selbst und werden durch den Gang der Handlung entlarvt: Sie haben nichts dazugelernt.

(5) Die Schüler wissen oder können nun daran erinnert werden, daß Frisch mit dieser Haltung der Andorraner die Haltung vieler Deutscher nach dem Krieg meint. Auch sie haben entweder nichts gewußt oder nur Befehle ausgeführt. Sie haben geringfügige Vergehen eingestanden, um die eigentliche Schuld besser verdrängen zu können, und oft sind sie noch heute der Ansicht, die, an denen die Verbrechen begangen wurden, seien wohl selbst daran schuld gewesen.

Die Personen an der Schranke „rechtfertigen sich also nicht ‚vor‘ dem Publikum, sondern ‚wie‘ und ‚für‘ das Publikum". (Pütz, in: W/S, S. 129) Max Frisch hat diese Intention in den Anmerkungen zur Züricher Aufführung deutlich gemacht: „Die Andorraner sitzen im Parkett, nicht Richter, sondern ebenfalls Zeuge; der Zeuge, der spricht, wendet sich also nicht an den Zuschauer, sondern spricht parallel zur Rampe." (W/S, S. 51) Das Publikum wird durch dieses Mittel der Vordergrundszenen nicht nur wie bei Brecht zur analytischen Arbeit angeregt, sondern es sieht, wie auf der Bühne sein Problem der fehlenden oder verfehlten Auseinandersetzung mit der NS-Vergangenheit dargestellt wird. Dem Zuschauer wird auferlegt, was den Andorranern nicht gelingt: „den Teufelskreis ihrer bornierten Anschauungen vom Nächsten, von dem sie sich ein Bild gemacht haben, zu durchbrechen." (Mat., S. 25)

Zur Vertiefung der Überlegungen können an dieser Stelle die Ausführungen von K. Matthias (Mat., S. 24–25) berücksichtigt werden.

(Z 1) In guten Klassen kann darüber diskutiert werden, ob die Gleichsetzung Andorraner – Publikum erreicht werden kann und ob Verhaltensänderungen beim Publikum eintreten können.

Durzak greift dieses Rezeptionsproblem auf und merkt kritisch an, die Wirkung dieser Gleichsetzung sei nur darin zu sehen, „daß die Zuschauer die behauptete Schuldlosigkeit der einzelnen Andorraner als falsch erkennen und damit deren Schuld zugleich auf sich selbst beziehen. Aber zu einer Reflexion der Vorgänge und vor allem der Voraussetzungen, die zu diesen Vorgängen geführt haben, kommt es kaum. Man erkennt lediglich, was man insgeheim bereits wußte: daß es wirklich schlecht um die Dinge bestellt ist und daß moralische Einsicht vonnöten ist." (Durzak, S. 230)

Auch Petersen stellt die Frage, wie das Publikum aus den selbstgerechten Entschuldigungen der Andorraner etwas lernen könne, wenn es sich mit ihnen identifizieren soll: „Der Zuschauer kann nur die Unfähigkeit des Menschen, aus seinen Erfahrungen zu lernen, sein Verhalten zu ändern, Freiheit und Leben zu sichern, zur Kenntnis nehmen." (Petersen, S. 79) Petersen sieht allerdings eine Lösungsmöglichkeit für dieses Problem, indem er Frischs Dramaturgie als eine „Dramaturgie der Provokation" kennzeichnet. Die Provokation besteht darin, daß der Zuschauer „sich entweder mit den lernunfähigen Bühnenfiguren identifizieren oder sich von ihnen distanzieren muß; wählt er die Distanzierung, so bedeutet dies, daß er sich aufgerufen fühlt, durch die Veränderung seiner selbst und seiner Welt die Behauptung von der Unveränderbarkeit des Menschen und des Daseins, die das Stück aufstellt, zu widerlegen." (Petersen, S. 79)

(Z 2) Auch das Problem der Anerkennung der Schuld kann durch szenisches Spiel der Schüler intensiviert werden. Als fiktive Situation wird vorgegeben: Die Andorraner unterhalten sich nach dem Geschehen mit einem Reporter im Wirtshaus über das Geschehen und sind bemüht, ihr damaliges Verhalten in gutem Lichte darzustellen, während der Reporter „harte" Fragen stellt.

Hausaufgabe

Mit der Untersuchung der Zeugenaussagen ist die zweite Unterrichtssequenz abgeschlossen, in der es um genaue Textanalyse unter Fragestellungen ging, die bei der Betrachtung der Struktur des Stückes (3. Stunde) erarbeitet wurden.

In der nächsten Stunde, der ersten der Unterrichtssequenz, in der es um die Zusammenfassung und Ausweitung der Ergebnisse geht, soll das in fast allen bisherigen Stunden immer wieder angesprochene Problem der Schuld erörtert werden.

Die Schüler sollen vorbereitend (evtl. in 4 Gruppen) erarbeiten und schriftlich darstellen:

1. Worin besteht die Schuld der Andorraner?
2. Worin besteht die Schuld des Paters?
3. Worin besteht die Schuld Cans?
4. Worin besteht die Schuld Andris?

3. Sequenz:
Zusammenfassung und Ausweitung

In der dritten Unterrichtssequenz, der Abschlußsequenz, ist es zweckmäßig, die Unterrichtsführung möglichst offen zu gestalten und die Probleme vorwiegend im Unterrichtsgespräch und in der Diskussion zu erörtern, da bei der angestrebten Gesamtinterpretation des Stückes dem Rezipientenbezug, also dem Verständnis des Schülers, große Bedeutung zukommt.

Die Hauptprobleme
– die Schuld der Personen und
– der Modellcharakter des Stückes

wurden bei der Behandlung der Theaterkritiken (2. Stunde) von den Schülern erkannt und für die Besprechung vorgemerkt. Sie wurden als Aspekte oder Teilprobleme schon in der zweiten Sequenz der Textanalyse ansatzweise oder ausführlicher behandelt.

Die Schuldproblematik wird wegen ihrer grundlegenden Bedeutung auf zwei verschiedenen Ebenen untersucht:

Einmal soll inhaltlich zusammengefaßt werden, welche Schuld die verschiedenen Personen auf sich laden und worin die Ursachen für dieses schuldhafte Verhalten liegen (12. Stunde).

Außerdem soll aufgezeigt werden, wie Frisch diese Schuldverstrickung schon von Anfang an dem Zuschauer durch Dingsymbole und symbolische Handlungen sinnlich und atmosphärisch verdeutlicht (13. Stunde).

Die Untersuchung des Modellcharakters des Stückes (14. Stunde) greift auf die Besprechung der Theaterkritiken zurück (2. Stunde) und schließt die Unterrichtseinheit durch das Aufzeigen von Verallgemeinerungsmöglichkeiten ab, wenn nicht zusätzliche Texte oder Textausschnitte besprochen werden.

12. Stunde:
Die Schuld

Vorbemerkungen

Die Klärung der Schuldverhältnisse ist für die Interpretation des Dramas von großer Bedeutung. In den vergangenen Stunden wurden schon wichtige Gesichtspunkte dieses Themas erörtert, und zwar

– in der 4., besonders aber in der 5. Stunde das vorurteilsbefangene Verhalten der Andorraner Andri gegenüber, das ihn schließlich zum „Juden" macht
– in der 6./7. Stunde – paradoxerweise – Andris Schuld an den Andorranern und

seinem Vater, weil er sie in ihrer Schuld beläßt
– in der 8. Stunde die Schuld, die nach Frisch jeder auf sich lädt, der sich ein Bildnis vom andern macht
– in der 9. Stunde die Schuld des Lehrers, der aus Feigheit das „Bildnis" bereitstellt, in das die Andorraner Andri pressen
– in der 10. Stunde das Versagen der Andorraner, einschließlich des Paters, der die Wahrheit nicht bezeugt, sowie die Brutalität und der Völkermord der Schwarzen
– in der 11. Stunde die Uneinsichtigkeit und Unbelehrbarkeit der Andorraner.

Eine Erklärung und ein Vergleich dieser verschiedene Arten schuldhaften Verhaltens wurden jedoch noch nicht unternommen. Dies soll jetzt geschehen, wobei die Schuld der „Schwarzen" (Völkermord) wegen ihrer kriminellen Eindeutigkeit und ihrer für die Intention Frischs sekundären Bedeutung weniger berücksichtigt wird.

Die Schüler sollen erkennen,
– daß zwischen juristischer und moralischer, kollektiver und individueller Schuld der Andorraner unterschieden werden kann
– worin die Schuld Cans und der Senora besteht
– worin die Schuld Andris besteht
– daß die einzelnen schuldhaften Verhaltensweisen miteinander verknüpft sind
– wie sich diese verschiedenen schuldhaften Verhaltensweisen erklären lassen.

Stundenverlauf

(1a) Die Schüler wissen, daß man kriminelle und moralische Schuld unterscheidet. Kriminelle Schuld laden die „Schwarzen" auf sich: Sie begehen Völkermord. Kriminelle Schuld lädt auch der Wirt auf sich, der durch einen Steinwurf die Senora tötet und seine Schuld Andri in die Schuhe schiebt. Auch Can begeht kriminelle Schuld, indem er seine Vaterschaft verschweigt.

Für Frisch steht allerdings weniger die kriminelle als die moralische Schuld im Mittelpunkt. Diese moralische Schuld ist einmal kollektiver Natur und besteht darin, daß sich die Andorraner ein „Bildnis" von Andri machen und ihm dieses Bildnis oktroyieren. Dadurch versündigen sie sich – nach Frisch – an diesem Menschen. Hinzu kommt, daß es sich um das „Bildnis" des Juden handelt. Frisch sieht, wie schon erwähnt, den Antisemitismus als Sonderform des Bildnisproblems. Da Andri als Jude verachtet, verfolgt und schließlich getötet wird, sind die Andorraner mitschuld an seinem Tod.

Es ist ihnen sicher abzunehmen, daß sie, wie sie an der Schranke versichern, keineswegs für Grausamkeiten gewesen seien. Aber Ressentiments, Gedankenlosigkeit, Charakterschwäche, „ihre Unfreiheit gegenüber einem heillosen Mechanismus von Vorurteilen fördern das Böse". (Hegele, S. 48)

Damit ist schon das individuell schuldhafte Verhalten der Andorraner angesprochen, das zum großen Teil aus ihrer allgemeinen Einstellung und aus ihrem Antisemitismus resultiert: Jeder schikaniert Andri, so gut er kann.

Die Schüler können wiederholen: Der Tischler will ihn nicht in der Lehre haben und demütigt ihn dadurch, daß er sein handwerkliches Können einfach leugnet. Der Geselle betrügt ihn, indem er Andris Stuhl stillschweigend für sich in Anspruch nimmt und nicht die Wahrheit sagt. Der Doktor demütigt Andri durch antisemitische Äußerungen. Der Soldat beleidigt ihn als Juden und mißhandelt ihn. (HA der Gruppe 1)

(b) Es wurde (Stunde 11) deutlich gemacht, daß der Pater sich nach dem Geschehen anders verhält als die übrigen Andorraner. Er als einziger bekennt und bereut den Teil seiner Schuld, der darin besteht, daß er sich ein Bildnis von Andri gemacht hat. Dieses Bildnis, das er sich gemacht hat, unterscheidet sich von dem, das sich die Andorraner von Andri gemacht haben, dadurch, daß es den

„Juden" Andri positiv sieht. Aber auch bei dieser Sehweise bleibt, wie der Pater erkennt, die Fesselung eines Menschen durch ein Stereotyp. (HA der Gruppe 2)

Der Pater erkennt, daß dieses Bildnis Andri letztlich mit an den „Pfahl" gebracht hat, geht aber mit keinem Wort darauf ein, daß er bei der Judenschau, als es galt, zu bezeugen, daß Andri kein Jude sei, nicht anwesend war, wahrscheinlich aus Angst vor den Schwarzen. Diese moralische Schuld, die in seiner Untätigkeit besteht, verdrängt auch er.

(c) Die Schüler überlegen zusammen (Partnerarbeit), wie die schuldhaften Verhaltensweisen der Andorraner zu begründen sind, und stellen ihre Ergebnisse zur Diskussion. Diese Verhaltensweisen sind, wenn man sie individuell betrachtet, alle psychologisch erklärbar. „Dem Verhalten der Andorraner liegt im Ganzen Unaufgeklärtheit zu Grunde, im Einzelfall nur Brutalität und Selbstgerechtigkeit." (Knapp, S. 30) Es wäre allerdings weiterzufragen und mit den Schülern zu diskutieren, wie es zu dieser Unaufgeklärtheit und Brutalität kommt. Auch dem Lehrer ist es ja nicht gelungen, das Verhältnis der Andorraner zur Wahrheit zu verbessern und die Vorurteile Juden gegenüber abzubauen.

Das Verhalten des Paters läßt sich auf verschiedene Weise begründen. Einmal ist auch er Andorraner und kann sich den allgemeinen Vorurteilen nicht entziehen. Als Christ soll er seinen Nächsten lieben: Er wendet das Vorurteil deshalb ins Positive um. Hinzu kommt seine Prägung durch sein Rollenverhalten als „Christ von Beruf" (84). Auch diese Rolle muß er erfüllen, und dazu gehört das etwas pathetisch wirkende Schuldbekenntnis. „Eine rollenkonforme Demutsgebärde ersetzt die christliche Tugend der wahren Reue." (Schmitz, in: W/S, S. 152) In der Schlußszene, als es gilt, für die Wahrheit einzutreten, verhält er sich wie die übrigen Andorraner und kann seine menschlichen Schwächen, Angst und Feigheit, nicht besiegen.

(2a) Auch Andris Eltern haben Schuld auf sich geladen. Seine Mutter, die Senora, hat sich sehr lange Zeit überhaupt nicht um ihn gekümmert. Sie kannte die Wahrheit; sie schrieb Briefe, in denen sie den Lehrer aufforderte, die Wahrheit zu sagen (77), aber sie setzte sich nicht selbst rechtzeitig für die Wahrheit ein.

(b) Das Verhalten des Lehrers Can wurde in Stunde 9 analysiert und bewertet, so daß die Schüler auf die Ergebnisse zurückgreifen können. (HA der Gruppe 3) Can verschweigt Andris wahre Herkunft und legt dadurch den Grundstein dazu, daß die Andorraner Andri in das Klischee des Juden pressen können. Selbst wenn man ihm abnimmt, daß er die wahre Herkunft Andris später als Beweis für die Unsinnigkeit antisemitischer Vorurteile benutzen will, so liegt seine Schuld darin, daß er seinen Sohn zum Demonstrationsobjekt herabwürdigt. So ist Can, der die Andorraner verachtet und sich von ihnen distanziert, selbst schuld daran, daß diese Andri zum Juden machen. Ihre Vorurteile und ihre Schuld sind nicht nur die Konsequenz überkommener Einstellungen, sondern auch die unmittelbare Folge der Lebenslüge Cans. Seine Tragik besteht darin, daß er die Wahrheit erkennt, aber nicht nach ihr zu handeln vermag und somit scheitert.

(c) Die Leitfrage „Wie ist dieses Verhalten zu erklären?" fordert die Schüler auf, sich zuerst selbst Gedanken über die Begründung der Haltung des Lehrers und der Senora zu machen (Partnerarbeit), bevor eine gemeinsame psychologische Erklärung versucht wird. Sie erinnern sich dabei an Ergebnisse der 9. Stunde, in der das Verhalten des Lehrers erörtert wurde.

Can haßt in den Andorranern nicht zuletzt sein eigenes Versagen und Unvermögen. Er, der die Unfreiheit der Andorraner verachtet, ihr Gebundensein in Vorurteile beklagt, hat diese Gebundenheit mitverursacht und steht auch selbst, wie auch die Senora, in Abhängigkeit von sozialen Zwängen und Konventionen. Die Senora ist feige und wagt nicht, ihren Landsleuten zu gestehen, daß sie ein Kind von einem Andorraner hat, so sehr ist sie in den Normen ihrer Gruppe befangen. Can ist ebenso feige und hat Angst vor seiner moralischen Verurteilung durch die – von ihm verachteten – Andorraner, weil er mit einer „Schwarzen" ein Kind hat. Sein Autostereotyp paßt nicht zur Realität. Er spielt die Rolle, die ein Rebell in Andorra spielen durfte. Aber das Bild des kämpferischen Wahrheitssuchers und -lehrers stimmt nicht überein mit der Wirklichkeit des von der Gruppe abhängigen und innerlich schwachen Menschen, der aus Feigheit das Leben seines Sohnes zerstört.

(3) Zur Erörterung der Schuld Andris wird auf Ergebnisse der 6./7. Stunde zurückgegriffen. (HA der Gruppe 4) Die Schüler erinnern sich, daß Andris Tragik darin besteht, zu einer neuen Identität zu finden, dabei aber die eigentliche Wahrheit über sich zu verfehlen. Er ist als Märtyrer Sympathieträger, dem das Mitgefühl der Schüler sicher ist. Es ist deshalb nicht ganz einfach, ihnen einsichtig zu machen, daß man ihm eine gewisse Mitschuld an seinem Schicksal nicht absprechen kann. Er nimmt glaubwürdige Erklärungen über seine Herkunft nicht an und bleibt dabei, Jude zu sein. Mit dieser Entscheidung zwingt er die Gesellschaft der Andorraner, besonders aber seinen Vater, in ausweglose Schuld. Wenn er das Bildnis des Juden zu seiner Lebensgrundlage macht, so greift er damit in das Leben seines Vaters, in das der Andorraner, vor allem aber in das Barblins auf unwiderrufliche Weise ein. Sehr wahrscheinlich hätten die Andorraner die Wahrheit nicht akzeptiert, aber „daß Andri ihnen die Möglichkeit der Wahl entzieht, ist die paradoxe Schuld des Verratenen an der Schuld der Verräter, ist der tragische Konflikt in der Tragödie ‚Andorra'". (F/S, S. 72) Die Schüler können jetzt gewisse Gemeinsamkeiten zwischen den Andorranern und

Andri erkennen: Die Andorraner wollen oder können die Wahrheit nicht sehen. Andri will und kann dies schließlich auch nicht. Er ist eben „Andorraner von Geburt, Gesinnung, Tun" (F/S, S. 73) und erinnert „in seiner Verbohrtheit in den eigenen Irrtum und seiner Unfähigkeit, die Realitäten zu erkennen (…), an den tragischen Helden des klassizistischen Dramas". (Knapp, S. 31)

(4) Es wird wiederholt, wie die verschiedenen Personen auf Andris Tod reagieren bzw. mit ihrer Schuld fertig werden. Der Lehrer Can erträgt nicht seine Lebenslüge und seine Feigheit. Er muß feststellen, daß er die Vorurteile, die er bekämpfte, selbst lebte. Er zieht die letzte Konsequenz und erhängt sich. Die Andorraner sind und bleiben uneinsichtig, selbst nach dem Geschehen. Ihre moralische Schuld wird noch dadurch vergrößert, daß sie sie nicht wahrhaben wollen und sie verdrängen. Sie wollen nicht sehen, daß ihr Verhalten Andri in den Tod getrieben hat. Der Pater erkennt die Schuld, die darin besteht, sich „ein Bildnis gemacht" zu haben (65) – aber er verdrängt seine Abwesenheit bei der Judenschau und damit seine unterlassene Hilfeleistung.

(5) Den Schülern wird deutlich, daß die Frage nach der Schuld wegen der Verknüpfung von kollektiver und individueller, juristischer und moralischer Schuld nicht eindeutig zu beantworten ist. „Die tragische Entwicklung, die zu Rassenhaß und schließlich Mord führt, resultiert (…) aus der Koinzidenz alltäglicher und gesellschaftlich nicht weiter reflektierter Probleme." (Knapp, S. 30) Alle Personen, Täter wie Opfer, werden schuldig, weil sie sich „Bildnisse" von sich und andern machen.
Die Schüler formulieren zusammenfassend die Kausalitätskette: Auf Grund von geistiger Trägheit, Unaufgeklärtheit und Affektverhaftetsein übernehmen die Andorraner antisemitische Vorurteile, die in ihnen das

„Bildnis" des Juden entstehen lassen. Sie erfahren vom Lehrer, daß Andri Jude sei, projizieren in ihn ihre eigenen negativen Verhaltensweisen und machen ihn durch dieses „Bildnis" gegen seinen Widerstand zum „Juden".

Als „Jude" wird er von den Andorranern diskriminiert und aus ihrer Gruppe ausgeschlossen.

Die „Schwarzen", die alle Juden vernichten, gehen gegen den „Juden" Andri gewaltsam vor und vernichten ihn ebenfalls.

Diese Überlegungen machen den Schülern deutlich, daß Vorurteile unter bestimmten Umständen tödlich sein können.

(Z 1) Die Schüler erkennen in diesem Zusammenhang (auf Ergebnisse der 2. Stunde rückgreifend), daß Frisch mit diesen Schuldhinweisen auf das Verhalten vieler Deutscher nach dem 2. Weltkrieg der NS-Vergangenheit und der Schuld an den Juden gegenüber anspielt. Falls dies in der 2. Stunde nicht geschehen ist (und in der 13. Stunde nicht geschehen soll), kann sich an dieser Stelle eine Diskussion anschließen über Kollektivschuld, Kollektivverantwortung, Anerkennung der Schuld oder Verdrängung, Nestbeschmutzung oder Vergangenheitsbewältigung.

(Z 2) In interessierten Klassen kann weitergefragt und das Problem der Verantwortlichkeit des einzelnen innerhalb seiner Gruppe sowie das seiner Entscheidungsfreiheit diskutiert werden.

Die Andorraner sind unfrei, so liegt es nahe zu denken, weil ihnen der Wille zur Wahrheit fehlt. Die Gründe dafür liegen im irrationalen Bereich. Damit stellt sich die Frage nach der Verantwortlichkeit des Menschen überhaupt. Diese Verantwortlichkeit muß unterstellt werden, um überhaupt Menschen beurteilen zu können. „Weil der Mensch Unwahrheit überwinden kann", ist nach Karl Jaspers „im Menschen mit aller Unwahrheit

seine Schuld verknüpft. Keine Unwahrheit beherrscht ihn, ohne daß er mitschuldig wäre". (Zit. nach: Hegele, S. 48)

Aber auch diese Annahme, daß der Mensch Unwahrheit überwinden kann, ist problematisch. Sie setzt ein nicht unumstrittenes (idealistisches) Menschenbild voraus.

Hausaufgabe

In der nächsten Stunde soll untersucht werden, wie Frisch durch symbolische Darstellung das schuldhafte Verhalten der Andorraner deutlich werden läßt.

Zur Vorbereitung dieser Thematik sollen die Schüler sich informieren, was man unter einem Symbol versteht (HA 1) und den Text unter der Fragestellung durchgehen, welche Gegenstände, Verhaltensweisen und Situationen im Stück Symbolcharakter haben. (HA 2)

13. Stunde:
Symbolik

Vorbemerkungen

Die zentrale Bedeutung, die Frisch dem Problem des Schuldigwerdens und Schuldverdrängens zuerkennt, wird auch dadurch deutlich, daß er es nicht nur auf der denotativen (wörtlichen), sondern auch auf der konnotativen (symbolischen) Bedeutungsebene realisiert. Auf diese Weise stellt er ein Netz von Andeutungen und Verweisen her, das in allgemein menschliche und sogar religiöse Zusammenhänge hineinreicht und dem Zuschauer bzw. Leser das Schuldigwerden der Personen nicht nur verstandesmäßig verdeutlicht, sondern auch sinnlich vor Augen führt und emotional nahebringt.

Die Analyse dieser Symbolik des Schuldigwerdens führt einmal zur Vertiefung des

Problemverständnisses der Schüler in bezug auf die Intention, die Frisch mit „Andorra" verbindet. Darüber hinaus bietet sie aber auch die Möglichkeit, auf anschauliche Weise den Begriff „Symbol" einzuführen bzw. das schon in früheren Klassen erarbeitete Symbolverständnis zu erweitern.

Es geht in dieser Stunde allerdings nicht um eine erschöpfende Analyse der verschiedenen Symbolkomplexe des Dramas, sondern nur um die Interpretation der Symbole, die auf die Schuld der Andorraner bzw. auf ihre Versuche, diese Schuld zu verdrängen, verweisen.

Die Stunde greift auf Ergebnisse früherer Stunden zurück: Bei der Besprechung der Ausgangssituation (4. Stunde) wurde die Symbolik des Verbergens und Enthüllens (weiße Farbe, rote Erde, weißeln, Platzregen, Gewitter) schon erkannt, und der „Pfahl", den niemand sah, wurde als Sinnbild für das kommende Leid Andris verstanden. Bei der Interpretation der „Judenschau" (10. Stunde) erkannten die Schüler schon die „Schwarzen" als Symbol der Unterdrückung, Vernichtung und Unmenschlichkeit sowie die schwarzen Tücher als Sinnbilder des Verdeckens der Wahrheit und der Schuldverdrängung. Auch die Symbolik des Verhüllens taucht wieder auf, wenn die wahnsinnige Barblin versucht, das Pflaster zu weißeln. Diese Ergebnisse waren vorläufiger und punktueller Art und werden in dieser Stunde vertieft, erweitert und im Zusammenhang dargestellt. Dabei wird das unterrichtliche Vorgehen dadurch erleichtert, daß die Schüler die Symbolanalyse vorbereitet haben (Hausaufgabe 2).

Den Schülern soll vermittelt werden,
– daß Frisch neben der denotativen (wörtlichen) Bedeutungsebene auch auf der konnotativen (symbolischen) Bedeutungsebene dem Zuschauer das Schuldigwerden und Schuldverdrängen der Personen verdeutlicht

– welche symbolischen Situationen, Verhaltensweisen und Gegenstände Frisch benutzt, um dem Zuschauer dieses Schuldigwerden und Schuldverdrängen zu suggerieren
– daß Frisch auch biblische Motive und Anspielungen verwendet, um die Schuld der Andorraner aufzuzeigen
– daß die Symbole mehrschichtige und daher mehrdeutige Sinnkomplexe sind, die notwendiger Bestandteil der Interpretation sein müssen, da sie einen wesentlichen Zugang zum Gehalt ermöglichen.

Stundenverlauf

(1) Entsprechend dem Vorwissen der Schüler kann auf verschiedene Art in den Problemkreis eingestiegen werden. Es kann z. B. daran erinnert werden, daß man beim sprachlichen Zeichen zwischen der wörtlichen (denotativen) und der symbolischen (konnotativen) Ebene der Bedeutung unterscheiden kann und daß die Wirkung eines Textes verstärkt wird, wenn Sachverhalte nicht nur wörtlich mitgeteilt, sondern außerdem noch durch ein Geflecht von symbolischen Bedeutungsträgern dem Zuschauer zur Anschauung gebracht werden.

Sollten diese Kenntnisse nicht vorhanden sein, so können die Schüler auf der Grundlage ihrer Vorbereitungen (HA 1) die Eigenart von Symbolen nennen.

Die Problematik des Symbolbegriffs braucht nicht erörtert zu werden. Für die unterrichtlichen Zwecke genügt es, wenn die Schüler erkennen, daß unter einem Symbol ein sinnlich gegebener Gegenstand, Vorgang oder eine Situation verstanden werden können, die über sich selbst hinaus auf einen höheren, abstrakteren, ideellen Bereich verweisen.

Die Schüler sollen allerdings auch erkennen, und da muß der Lehrer erläuternd und veranschaulichend helfen, daß Symbole erst in einem bestimmten Kontext und Sinnzusammenhang ihre Bedeutung erlangen und daß diese Bedeutung nicht ganz eindeutig sein kann, weil sie abhängig ist vom Erfahrungs- und Wissenshorizont des Lesers bzw. Zuschauers und von seinem Assoziationsvermögen. Zur Veranschaulichung dieses Problems können einfache Gegenstände genannt werden, denen Symbolcharakter zukommen kann: „Haus", „Meer", oder die Schüler können auch an Dingsymbole aus früher gelesenen literarischen Texten erinnert werden (z. B. an das „Amulett" in Meyers gleichnamiger Novelle). Sie können jetzt erkennen, daß die fehlende Eindeutigkeit des Symbols einen gewissen Interpretationsspielraum zuläßt.

(2) Zuerst wird von den Schülern die Ausgangssituation (1. Bild) rekapituliert und in ihrem Symbolgehalt analysiert. Dabei greifen sie auf Ergebnisse der 4. Stunde zurück. Die „Jungfrau" Barblin weißelt zum „Sanktgeorgstag" (8) das Haus ihres Vaters. Das unberührte, reine Mädchen will den Schmutz des väterlichen Hauses überstreichen. Die Bemerkungen des Paters rücken den Vorgang des Weißelns noch deutlicher in den Bereich des Kultischen. Er will ein „schneeweißes Andorra" haben (9), d.h. ein Andorra, dessen „Schmutz" – der Zuschauer erkennt später: dessen Schuld – nicht gesehen, sondern übertüncht, d.h. versteckt, verdrängt werden soll. Durch dieses „weiße Andorra" wollen sich die Andorraner von den „Schwarzen" absetzen, deren Überfall sie fürchten.

Auch die Bemerkungen des Soldaten lassen die Schüler verstärkt den Symbolgehalt der Naturerscheinungen und Farben erkennen. Hämisch warnt er vor einem „Platzregen", der „über Nacht" (9) kommen kann. Das Motiv wird später zum „Gewitter" (13) gesteigert. Der Soldat weiß, daß auch die Kirche nicht so weiß ist, wie sie tut, d.h. nicht so schuldlos, wie sie vorgibt. „Sie ist auch nur aus Erde gemacht, und die Erde ist rot." (9)

Er weist damit den Zuschauer darauf hin, daß auch die Institution Kirche irdisch, menschlich ist, in Schuld gerät und sie zu verbergen sucht; daß diese Schuld aber bei der nächsten Katastrophe, dem Überfall, wieder aufbricht und sich zur Blutschuld verstärkt. In der Stunde der Gefahr und der Existenzbedrohung verhält sich die Kirche wie die übrigen Andorraner: unmenschlich, egoistisch, brutal. Sie opfert „Andri", den „Andern", metaphorisch verdeutlicht und vorweggenommen durch das Schlachten einer „Sau" (9). Das naiv-gläubige Weißwaschen ist, so wird schon in der Anfangsszene deutlich, nur Selbsttäuschung und vergeblich. Die Schuld wird nicht aufgearbeitet, sondern verhüllt, verdrängt.

(3) Die Schüler sollen zuerst in Partnerarbeit auf der Grundlage ihrer Hausaufgabe die Schlußsituation mit der Anfangssituation vergleichen, bevor ihre Ergebnisse in der Klasse diskutiert werden. Sie erinnern sich dabei an die Besprechung des 12. Bildes in der 10. Stunde.

Die Schlußsituation (Ende 12. Bild) entspricht einerseits der Anfangssituation, sie unterscheidet sich aber andererseits deutlich von ihr. Jetzt weißelt nicht mehr die naive und unbefangene „Jungfrau", sondern die wahnsinnige „Judenhure Barblin", wie sie sich selbst nennt (125) und damit eine anscheinend gängige Bezeichnung reproduziert. Die Ereignisse, die sie nicht ändern konnte, haben ihren Geist zerstört. Der Ausdruck „Judenhure" macht dem Zuschauer deutlich, daß die Andorraner noch immer dem Vorurteil verfallen sind. Sie nehmen weder zur Kenntnis, daß Andri kein Jude war, noch daß Barblin keine „Hure" ist.

Barblin sieht jetzt ihr Weißeln als symbolisches Tun. Sie will die Ermordung Andris ungeschehen machen, will die Untat zudekken und die Mörder verhüllen: „Ich weiße, ich weiße, auf daß wir ein weißes Andorra haben, ihr Mörder, ein schneeweißes Andorra, ich weißle euch alle – alle." (125) Sie sieht „Blut überall" (125) in Andorra und bei den Andorranern. Der Mord läßt sich nicht vertuschen, vom Pflaster abwaschen.

Die Metapher von der geschlachteten Sau wird wieder aufgegriffen, wenn Barblin den Pater fragt: „Wo, Pater Benedikt, bist du gewesen, als sie unsern Bruder geholt haben wie Schlachtvieh, wie Schlachtvieh, wo?" (127) Die Erde, aus der auch die Kirche besteht, ist wirklich rot, zu Blut geworden nach dem „Platzregen", dem Überfall der Schwarzen.

Die Andorraner, die sich „weiß" von den „Schwarzen" absetzen wollten, identifizieren sich bei der Judenschau durch die schwarzen Tücher mit den Henkern und verhüllen ihre „Reinheit" vollkommen. Durch ihr Verhalten sind sie aber auch innerlich „schwarz" wie die Schwarzen, schuldig wie die Mörder geworden, und auch der Pater gehört dazu: „Schwarz bist du geworden, Pater Benedikt..." meint Barblin (127). Die „Schwarzen" können jetzt beruhigt abziehen; die Andorraner sind „schwarz" geworden und nehmen ihre Stelle ein.

(4) Mit der symbolischen Interpretation des „Pfahls" haben die Schüler anfangs gewisse Schwierigkeiten, da er nicht als realer Gegenstand vorhanden ist. Hilfreich sind deshalb die Notizen Max Frischs zu den Proben der Züricher Aufführung über Verwendung und Bedeutung dieses Symbols, die an dieser Stelle des Unterrichts von den Schülern gelesen werden (Mat., S. 10): Frisch wollte den „Pfahl" zuerst real auf die Bühne bringen, ließ es dann aber auf Anraten des Regisseurs sein: „Gerade dadurch, daß wir den Pfahl nicht mehr mit Augen sehen, sondern nur noch durch die Worte des bestürzten Vaters, wird der Pfahl wieder, was er sein sollte, Symbol."

(a) Die Schüler erkennen, daß der „Pfahl" ebenfalls in den Zusammenhang der Symbole des Schuldigwerdens gehört. Die Leitfrage: „Welche Bedeutung hat der ‚Pfahl' für die Zuschauer und für Andri?" hilft den Schülern bei der Interpretation, die zuerst in Partnerarbeit von ihnen selbst erarbeitet werden soll, bevor sie von der Klasse diskutiert wird.

Der Zuschauer erfährt schon früh von einem Pfahl. Barblin fragt den Pater, ob es stimme, daß die Schwarzen die Juden an einem Pfahl hinrichteten (12). Dies ist eine Vorausdeutung und Vorwegnahme von Andris Schicksal – das kann der Zuschauer zu diesem Zeitpunkt jedoch noch nicht wissen. Aufmerksam wird er erst, wenn der Lehrer im Gespräch mit Tischler und Wirt wiederholt auf einen Pfahl hinweist (13 f., 16). Aber hierbei kann es sich auch um Halluzinationen des betrunkenen Lehrers handeln, denn die Andorraner sehen nichts, und der Zuschauer sieht nichts. Realität für den Zuschauer wird der Pfahl erst in der Aussage des Wirtes vor der Zeugenschranke: „Hab ich ihn vielleicht an den Pfahl gebracht?" (24) Für den Wirt ist es eine rhetorische Frage, nicht aber für den Pater. Er gibt an der Schranke zu: „Auch ich habe ihn an den Pfahl gebracht." (65) Die Schüler erkennen allmählich, daß der Pfahl auf Andris Schicksal verweist und für ihn Leid, Tod, Hinrichtung bedeutet, daß er andererseits im Hinblick auf die Schwarzen und auch die Andorraner ein Zeichen für Gewalt, Despotie, für die Menschenverachtung totalitärer Systeme sowie Ausdruck der Schuld ist.

(b) Im Verlauf des Geschehens drängen sich immer mehr die Beziehungen zum Opfertod Christi am Kreuz auf. Andri „an den Pfahl bringen" assoziiert „an das Kreuz bringen", opfern. Andri wird auf diese Weise als Sündenbock gesehen, auf den die Andorraner ihre Fehler und Untugenden projizieren und den sie dann vernichten, weil sie meinen, dadurch diese Fehler auch los zu sein. Auch Andri selbst spricht in diesem Sinne vom Pfahl und identifiziert sich mit seinen vermeintlichen Vorfahren: „Ich weiß, wer meine Vorfahren sind. Tausende und Hunderttausende sind gestorben am Pfahl, ihr Schicksal ist mein Schicksal." (95)

(c) Die Leitfrage „Welche Bedeutung hat die Reaktion von Wirt und Tischler auf Cans Frage nach dem Pfahl?" hilft den Schülern, außer den beiden genannten Symboldimensionen – Sinnbild für Leid, Opfer, Tod; Sinnbild für Gewalt und Schuld – noch eine dritte zu erkennen: So wenig wie Wirt und Tischler anfangs überhaupt einen Pfahl sehen, so wenig erkennen sie ihre Schuld.

Der Pfahl, den niemand sieht, steht in dieser Hinsicht als Bild für die Schuldverdrängung der Andorraner – und damit auch für die der Zuschauer, denn sie sehen den Pfahl ja auch (noch) nicht.

(5) Wie der Pfahl, so verweisen auch andere symbolisch verwendete Motive in den religiösen Bereich. Bei der Analyse dieses Symbolkomplexes muß der Lehrer Hinweise geben, da nicht erwartet werden kann, daß die Schüler die entsprechenden biblischen Textstellen kennen oder sie mit den Anspielungen im Stück in Beziehung setzen können.

Bei dieser Gelegenheit werden die Schüler für symbolisches Interpretieren sensibilisiert, und sie erkennen erneut die Abhängigkeit des Symbolverständnisses vom jeweiligen Erfahrungs- und Lesehorizont.

(a) Die Senora wird durch einen Steinwurf getötet (88). Der Wirt ist der Täter, und der Lehrer sagt es ihm: „Du bist's, der den Stein geworfen hat." (111)

Der Wirt verrät sich durch sein Verhalten. Er verstummt, „läßt den Pflasterstein fallen", „vermummt sich und mischt sich unter die Vermummten" (111). Damit verweist auch der Stein auf die Schuld der Andorraner. Aber noch andere Konnotationen sind zu beachten. Der Steinwurf wird Andri in die Schuhe geschoben, und „der Wirt habe es mit eigenen Augen gesehen" (88). Er hatte vor dem Mord beteuert: „Ich wäre der erste, der einen Stein wirft." (69) Die Beziehung zum

Neuen Testament wird deutlich. Als die Pharisäer eine Ehebrecherin vor Jesus führen, fordert er sie auf: „Wer unter euch ohne Sünde ist, werfe den ersten Stein auf sie." (Johannes 8, 7) Die Andorraner rücken auf diese Weise in die Nähe der Pharisäer, und der Stein wird zum „Symbol verlogener Selbstgerechtigkeit". (Eckart, S. 48)

Selbstgerechtigkeit und Verlogenheit äußern sich auch in den Reaktionen der Andorranern vor der Schranke. Der Wirt, der noch nach dem Geschehen äußert, er sei nicht schuld, ist genau so ein Pharisäer wie der Lehrer, der sich besser dünkt als die Andorraner.

(b) Zu den Bibelverweisen gehört auch das dreimalige Krähen der Hähne (55) während eines Gesprächs, das der Lehrer mit Andri führt. Damit wird die Beziehung zur Verleugnung Jesus' durch Petrus hergestellt. (Matthäus 26, 34) Der Lehrer hat mindestens dreimal seinen Sohn verleugnet: seiner Frau, Andri selbst und den Andorranern gegenüber. Auch die Senora hat ihren Landsleuten gegenüber Andri verleugnet.

Das Motiv der Verleugnung steht in engem Zusammenhang mit dem des Verrats. Die Mutter sagt dem Lehrer: „Du hast uns alle verraten, aber den Andri vor allem." (82) Der Lehrer erhängt sich wie der Verräter Judas im Neuen Testament. (Matthäus 27, 5). Auch der Pater verrät seinen „Sohn" Andri, der ihn selbst darauf hinweist: „Sie werden beten. Für mich und für sich. Ihr Gebet hilft nicht einmal ihnen, sie werden trotzdem ein Verräter." (88) Diese prophetischen Worte erinnern an den „Sündenbock" Jesus, der auch seinen Verräter kennt und beim Abendmahl vorhersagt: „Wahrlich, ich sage euch: Einer unter euch wird mich verraten." (Matthäus 26, 21)

(6) Die Schüler erkennen, daß die erarbeiteten Symbole des Schuldigwerdens ein Verweis- und Beziehungsgeflecht bilden, das die Ebene der wörtlichen Bedeutungen verstärkt

und die von den Andorranern verdrängte Schuld an Andris Schicksal enthüllt und verdeutlicht. Diese Schuld wird durch die biblischen Anspielungen auf eine religiöse, ja fast archetypische Ebene gehoben, wobei Sühne und Erlösung im Stück selbst nicht stattfinden und vom Zuschauer geleistet werden sollen.

Im Neuen Testament wird die Erlösung der Verräter von ihrer Schuld durch die Liebe des Geopferten zu seinen Mördern gewährt. In der säkularisierten Welt von Frischs „Andorra" soll der Zuschauer erkennen, daß seine Schuld im Verrat des Mitmenschen an das „Bildnis" besteht, das er sich von ihm macht, und daß die Erlösung aus dieser Schuld von jedem Menschen selbst geleistet werden muß, nämlich dadurch, daß er dem Mitmenschen mit Liebe entgegenkommt: „Die Liebe befreit (…) aus jeglichem Bildnis." (Mat., S. 14)

Das Stück als Ganzes kann so als Symbol für den „allgemeinen Vorgang der Ermordung durch das ‚Bildnis'" gesehen werden. (Ekkart, S. 52) Diese Gedanken leiten über zur Untersuchung des Modellcharakters des Stückes.

Hausaufgabe

Wegen der Schwierigkeit dieser auf Transfer ausgerichteten Betrachtung ist es zweckmäßig, daß sich die Schüler gründlich vorbereiten. Deshalb sollen sie

1. Texte lesen, die bestimmte Interpretationsansätze beinhalten (Mat., S. 6, besonders aber S. 22–23)
2. die Bedeutung der Begriffe „Modell" und „Parabel" nachschlagen
3. die Frage überlegen und schriftlich beantworten, welche allgemeinen Probleme und Verhaltensweisen am Beispiel „Andorra" verdeutlicht werden.

(Z) Falls noch Zeit zur Verfügung steht, ist es auch sinnvoll, nach der Behandlung der Symbolik in einer besonderen Stunde auf die Sprache der Personen einzugehen und sie als „Rollensprache" zu beschreiben, die, „obwohl dialogisch angelegt, sich als monologisch enthüllt". (F/S, S. 56) Verschiedene Schülergruppen können die Sprache wichtiger Personen (Andri, Pater, Soldat, Doktor) genauer analysieren und interpretieren. Hilfreich sind dazu die Anmerkungen über die Sprache bei Frühwald/Schmitz, S. 56–67.

14. Stunde:
Andorra – ein Modell

Vorbemerkungen

In dieser die Unterrichtseinheit abschließenden Stunde soll das für die Gesamtinterpretation des Stückes wichtigste Problem thematisiert werden: sein von Frisch ausdrücklich intendierter Modellcharakter, der wegen der Überlagerung der Problembereiche der Identität und des Antisemitismus nicht ganz einfach zu bestimmen ist.

Bei diesen Überlegungen sollen Probleme aufgegriffen und in größere Zusammenhänge hineingestellt werden, die in früheren Stunden schon ansatzweise oder vorläufig zur Sprache gekommen sind:

In der 2. Stunde wurde den Schülern bei der Besprechung der Theaterkritiken deutlich, daß verschiedene Interpretationen des Stückes möglich sind, je nachdem unter welchem Aspekt das Drama betrachtet wird.

Schon in der ersten, besonders aber in der 3. Stunde erkannten die Schüler die Doppelstruktur des Stückes: Ein Handlungsstrang beschäftigt sich mit Cans Familie, ein anderer mit dem Verhalten der Andorraner. Beide Bereiche sind durch Andri miteinander verbunden und beziehen sich aufeinander. Diese Doppelung wird im ersten Bild (4. Stunde) deutlich: Dem Antisemitismus der Andorraner, die sich ein entsprechendes „Bildnis" von Andri machen, stehen die dadurch bewirkten Identitätsschwierigkeiten Andris gegenüber.

In der 5. und 6./7. Stunde wurde zwar ebenfalls das vorurteilsbefangene, antisemitische Verhalten der Andorraner aufgezeigt, im Mittelpunkt der Betrachtung stand jedoch die Identitätsproblematik Andris. „Andorra" war hier ein Modell für die Identitätsveränderung eines Menschen auf Grund von kollektiven (antisemitischen) Vorurteilen.

Zu dieser Identitätsveränderung trug das Verhalten des Lehrers seinem Sohn gegenüber maßgeblich bei, wie in der 9. Stunde gezeigt wurde.

In der 8. Stunde wurde ausdrücklich die Überlagerung der Problembereiche im Stück festgestellt und den Schülern deutlich gemacht, daß Frisch in den ersten Bildern eine besondere Ausprägung des Bildnisproblems darstellt: die des Juden.

Die Betrachtung der Judenschau ließ die Schüler dann erkennen, daß hier eindeutig das Antisemitismusproblem im Vordergrund steht: „Andorra" zeigt sich als Modell für antisemitisches Verhalten (10. Stunde).

In der 11. Stunde erkannten die Schüler einen besonderen und historisch bedeutsamen Aspekt des Antisemitismusproblems: Sie sahen, daß das Verhalten der Andorraner nach dem Geschehen modellhaft für das Verhalten vieler Deutscher nach dem Krieg in bezug auf die Judenvernichtung Hitlers ist.

In dieser 14. Stunde soll nun eine Zusammenschau der verschiedenen Aspekte versucht werden.

Wegen der unterschiedlichen Rezeptionsmöglichkeiten, die sich aus der Offenheit eines Modells ergeben, ist es zweckmäßig, dem Unterrichtsgespräch und der Diskussion genügend Raum zu gewähren.

Die Schüler sollen erkennen,
– daß Frisch sein Stück als Modell verstanden haben will

– worin die Eigenart eines Modells besteht
– welche formalen und inhaltlichen Elemente den Modellcharakter bewirken
– daß historische Gegebenheiten in der Schweiz, besonders aber in Deutschland, Frisch als Vorbilder dienen
– welche Verallgemeinerungen und Übertragungen der Probleme des Stücks möglich sind und wie diese Möglichkeiten miteinander zusammenhängen
– worin Möglichkeiten und Gefahren eines solchen Modells liegen.

Stundenverlauf

(1 a) Als Einstieg kann auf die Vorbemerkung zum Stück hingewiesen werden, in der es heißt: „Das Andorra dieses Stückes hat nichts zu tun mit dem wirklichen Kleinstaat dieses Namens, gemeint ist auch nicht ein anderer wirklicher Kleinstaat; Andorra ist der Name für ein Modell."

Frisch wehrt sich dagegen, daß das Stück als Zeitstück, das sich auf den Nationalsozialismus bezieht, angesehen wird: „Das Stück handelt (...) nicht von den Eichmanns, sondern von uns und unsern Freunden, von lauter Nichtkriegsverbrechern, von Halbspaß-Antisemiten." (MF, in: W/S, S. 53) Frisch meint, er habe „alle bekannten Schlagwörter der Nazis vermieden" und „die Vergasungsöfen nicht erwähnt", weil sein Stück „nicht eine allegorische Illustration der Geschichte" sei, sondern „hinter die Geschichte" greife. (MF in: W/S, S. 54)

Frisch interessiert seinen Aussagen nach „der Beginn einer Katastrophe" (MF, in: W/S, S. 55), und er wählt das fiktive Andorra als Schauplatz, weil das, was dort geschieht, sich überall ereignen könne, „wenn die Voraussetzungen gegeben sind". (MF, in: W/S, S. 54)

Frisch will den Antisemitismus paradigmatisch verstanden wissen: „Eigentlich handelt das Stück gar nicht vom Antisemitismus. Der

Antisemitismus ist nur ein Beispiel." (MF, in: W/S, S. 54)

Auf die naheliegende Frage, warum er gerade dieses schreckliche Geschehen als Beispiel genommen habe, meint er: „Warum ich den ‚Jud' als Beispiel nahm? Sein Schicksal liegt uns doch am nächsten, macht die Schuldsituation am deutlichsten." (MF, in: W/S, S. 54)

(b) Aus diesen Bemerkungen Frischs, die den Schülern vorgelesen werden, erkennen sie, daß es dem Verfasser nicht in erster Linie um die Darstellung der Judenverfolgung während der Hitlerdiktatur geht, daß aber diese Zeit und ihre Schrecken Anlaß und Vorbild zur modellhaften Darstellung bestimmter Verhaltensweisen der Gesellschaft und des einzelnen sind. Die zitierten Belege für eine klare Autorintention trügen jedoch. Max Frisch betont zwar in allen kommentierenden Äußerungen stets den Modellcharakter, er bejaht jedoch 1976 in einem Brief die Frage, ob nicht sein Stück bei „allem Modellcharakter – doch in erster Linie ein Zeitstück war: nicht denkbar ohne das politische Klima der ausgehenden fünfziger Jahre, der Versuch von Geschichts-Aufarbeitung der NS-Prozesse." (W/S, S. 17, 19) Der Autor hat also selbst erkannt, daß sich das „Bildnis"-Problem nicht ganz gegen das historische Eigengewicht des Antisemitismus-Stoffes durchsetzen kann.

Das andere Thema, das in „Andorra" mit hineinspielt, ist die unbewältigte Schweizer Vergangenheit. Der Lehrer erinnert an seine Ausführungen in der zweiten Stunde, als er den Schülern deutlich machte, worauf die Schweizer Kritikerin Charlotte von Dach bei ihrer Besprechung der Züricher Uraufführung anspielt (W/S, S. 186): Nach Kriegsende fand sich die offizielle Schweiz mit ihrer Politik der bewaffneten Neutralität zur Nazizeit im Recht. „Das kleine Land stellte sich im Rückblick als Hort der Humanität dar, umgeben von barbarisch-feindlichen Mächten; daß es seine nationale Souveränität be-

wahrt hatte, verstand man als Sieg des Guten über das Böse. Dabei galt die Flüchtlingspolitik als besonderes Ruhmesblatt im Kampf der Schweizer gegen Hitler-Deutschland. (...) Max Frischs Stück ‚Andorra' war der erste massive Angriff gegen ein solches Selbstverständnis der Schweiz. Das Stück zieht den Antifaschismus und die humanitäre Flüchtlingspolitik, beides Stützen einer schweizerischen Ideologie, in Zweifel." (F/S, S. 33)

(c) Bevor näher auf das Thema der Unterrichtsstunde eingegangen wird, ist es notwendig, die Schüler die Besonderheiten eines literarischen „Modells" erkennen zu lassen. Sie haben sich in Nachschlagewerken informiert (HA 2). Von dieser Grundlage aus wird erarbeitet, daß ein „Modell" eine verkleinerte und vereinfachte Abbildung der Wirklichkeit ist, das die Realitätselemente, die für die Intention wichtig sind, wie durch ein Mikroskop so vergrößert, daß sie deutlich erkennbar sind, und die für die Intention unwichtigen Elemente wegläßt. Frisch meint aber mit „Modell" in bezug auf sein Stück noch etwas anderes, nämlich den „Entwurf einer imaginierten Welt zur Überprüfung der Realität". (F/S, S. 72) Anhand des fiktiven Kleinstaates will er allgemeine und überall vorkommende Verhaltensweisen darstellen und überprüfen. Damit ist die Nähe zur Parabel gegeben. Frisch selbst vermerkt hierzu in einem Gespräch: „Biedermann und Andorra sind Parabeln. (...) Das Verfahren der Parabel: Realität wird nicht auf der Bühne imitiert, sondern kommt uns zum Bewußtsein durch den ‚Sinn', den das Spiel verleiht; die Szenen selbst geben sich offenkundig als (...) Beispiel fingiert, als Modell und somit als Kunst-Stoff." (Knapp, S. 10)

Diese Tendenz zur Parabelform ist auf Brecht zurückzuführen. Die Schüler können hier an „Der gute Mensch von Sezuan" erinnert werden. Frisch fehlt allerdings das Engagement Brechts, das eine konkrete „Lehre" als Anlaß für die Parabel voraussetzt. In

„Andorra" ist Brechts Glaube an eine Veränderbarkeit der Welt nicht explizit enthalten. Frisch hat diesen Gedanken aus dem Stück herausgenommen und den Zuschauer so einbezogen, „daß dieser Gedanke in diesem erwacht". (F/S, S.73)

(2) Vor diesem Hintergrund wird nun erarbeitet, welche formalen Mittel Frisch verwendet hat, um den Modellcharakter des Stückes zu veranschaulichen. Dabei wird an die Besprechung des ersten Bildes erinnert (4. Stunde).

Die Verhaltensweisen der Personen sind überdeutlich, klischeehaft, fast allegorisch dargestellt: Feigheit, Geiz, Voreingenommenheit usw. werden vorgeführt. Frisch läßt die Personen unter ihrer Berufsbezeichnung auftreten, um deutlich zu machen, daß sie die verschiedenen Gruppen einer Gesellschaft repräsentieren, die aufs Überschaubare reduziert ist. Andorra als Staat weist Verwandtschaft mit Staaten des 19. Jahrhunderts auf: Die dargestellten Berufe erlauben noch eine wenig spezialisierte Tätigkeit und garantieren eine unabhängige, wirtschaftlich gesicherte Position. Die Nachrichtenvermittlung erfolgt mündlich unter Bekannten. „Das Modell Frischs läßt sich daher weder historisch noch geographisch einordnen." (M. Biedermann, zit. nach Knapp, S. 32) Dies entspricht durchaus den Absichten Frischs.

(3) Als nächstes wird versucht zu klären, für was „Andorra" Modellfunktion hat. Offenheit und Allgemeinheit eines Modells bewirken, daß die Frage, für welche Verhaltensweisen und Gegebenheiten „Andorra" steht, nicht ganz eindeutig zu beantworten ist. Hinzu kommen noch die Schwierigkeiten, die sich aus der Überlagerung der beiden Problembereiche, des „persönlichen" und des „politischen", ergeben.

In diesem wichtigen Unterrichtsschritt werden die Arbeitsergebnisse früherer Stunden, die die Schüler auch in den Hausaufgaben be-

rücksichtigt haben (HA 3), aufgegriffen, vertieft, erweitert, im Zusammenhang gesehen, um so zu einer Gesamtinterpretation des Dramas zu kommen.

(a) Es spricht, wie die Schüler erkennen, einiges dafür, daß die Bildnisproblematik gegenüber den historischen Verweiselementen als primär anzusetzen ist und daß die Aussage des Stückes im „Verweis auf die Bereitschaft des Menschen, sich Bildnisse von sich selber und von anderen anzufertigen" liegt (Knapp, S. 11):

– Schon die Prosaskizze integriert das Bildnis-Problem (vgl. 1. Stunde) und schließt mit einer interpretierenden Passage, die auf das Gebot, sich kein Bildnis zu machen, Bezug nimmt (Mat., S. 13).

– Im Stück nimmt das Bildnisproblem breiten Raum ein – der zentrale Konflikt wird aus der Bildnisproblematik entwickelt (vgl. 4., 5. und besonders 6./7. Stunde).

– Der Lehrer wird dadurch schuldig, daß er sich durch sein Verhalten an der Identität seines Sohnes versündigt (vgl. 9. und 12. Stunde).

Diese Ergebnisse lassen die Schüler zu der Erkenntnis kommen, daß „Andorra" beispielhaft aufzeigt, wie Menschen durch gesellschaftlichen Rollenzwang eingeengt und durch negative Bildnisse (Stereotypen) abgestempelt werden und ihre Identität verlieren.

(b) Auf Grund der Interpretation der „Judenschau" (10. Stunde) wissen die Schüler und haben wahrscheinlich auch aufgeschrieben (HA 3), daß dieses Bildnisproblem im Stück von der persönlichen auf die gesellschaftlich-politische und sogar auf die nationale Ebene verlagert wird. Auch die Theateraufführungen und -kritiken setzten diesen Schwerpunkt (2. Stunde).

Nach diesen Überlegungen wäre also der modellhaft zu verstehende Antisemitismus das Hauptproblem des Dramas, und zwar als eine bestimmte Form dieses Bildnisses, bezogen auf eine gesellschaftliche Gruppe. Andorra zeigt die Wirkung kollektiver Vorurteile auf Menschen, die dadurch diskriminiert und zu verfolgten und schließlich vernichteten Außenseitern gemacht werden. Die Zuschauer sollen diese Konsequenzen kollektiver Vorurteile erkennen und sollen „erschrecken, sie sollen, wenn sie das Stück gelesen haben, nachts wachliegen". (MF, in: W/S, S. 63) Andorra ist „für viele Zuschauer doch, wenn auch ein Anfängerkurs, aber doch ein Kurs gewesen in der Beschäftigung mit dem Phänomen Vorurteil, Massenvorurteil". (MF, in: W/S, S. 63)

Max Frisch spricht auch die Lektüre des Stückes in Schulen an und glaubt, daß „einigen Schülern etwas aufgeht, nicht nur im Zusammenhang mit der düsteren Seite der deutschen Geschichte in diesem Jahrhundert; die Schüler verstehen das auch an andern Modellen: In der Klasse ist einer der outcast, der Jude, der Sündenbock – dieser Mechanismus spielt immer." (MF, in: W/S, S. 63 f.) Frisch sieht den Antisemitismus als eine Sonderform des allgemeinen Rassismus und erwähnt auch in diesem Zusammenhang „die völlige Hilflosigkeit in der Gastarbeiterfrage". (MF, in: W/S, S. 64)

(c) „Andorra" aber zeigt darüber hinaus modellhaft auf, wie sich Menschen dem Gruppendruck, der Gewalt und dem Massenwahn gegenüber verhalten: Sie richten sich nach den Normen und Wertvorstellungen der Gruppe, obwohl sie wissen, daß sie ummenschlich sind. Sie verzichten auf ihre Fähigkeit, sich selbständig Urteile zu bilden und auf ihre Erfahrungen zu vertrauen. Sie verlieren ihre Freiheit und verwandeln sich in „Marionetten" (83). Sie erkennen nicht, daß die Wurzeln ihrer Unfreiheit im Bereich der Affekte liegen, und sind deshalb auch nicht imstande, diese Unfreiheit zu überwinden.

Dieses schuldhafte Verhalten, so erkennen die Schüler, ist in der Gegenwart immer wieder anzutreffen und in der Geschichte anzutreffen gewesen (Christenverfolgungen, Ketzer- und Hexenjagden, rassische Pogrome, politische Verfolgungen). „Ist in einer Gesellschaft der Mechanismus eines Massenwahns einmal in Gang gesetzt, so scheint er mit einer gewissen Notwendigkeit zumindest dann abzulaufen, wenn die Mehrheit der Gesellschaft ihre Freiheit aufgibt." (Hegele, S. 48)

„Andorra" zeigt aber auch exemplarisch die Entstehung von Gewalt auf. Frisch meint: „Vielleicht zum Thema Gewalt. Macht ist typisch das (…) Beispiel (…) von ‚Andorra', von der feigen, kollektiven Gewalttätigkeit. Wir wissen alle, daß wir gewalttätiger, grausamer sein können in einem Kollektiv (…)." (W/S, 21)

(d) Die Schüler können jetzt erkennen, daß die verschiedenen Realitätsmöglichkeiten, wofür „Andorra" stehen kann, innerlich zusammenhängen:

Wir machen uns „Bildnisse" von unsern Mitmenschen und zwingen sie damit oft in Rollen, die sie nicht wollen. Eine besondere Form dieses „Bildnisses" ist das des Juden. Andere „Bildnisse" machen wir uns von Negern, Gastarbeitern oder anderen Minderheiten. Dadurch, daß wir diesen Gruppen mit – vorwiegend negativen – Vorurteilen gegenübertreten, tragen wir dazu bei, daß sie diskriminiert werden. Wir sind oft nicht willens oder nicht fähig, die Unsinnigkeit dieser Vorurteile zu erkennen, da ihre Wurzel im Bereich der Affekte liegt und wir oft die Eigenschaften, die uns an uns selbst stören, in diese Außenseiter hineinprojizieren und sie damit als „Sündenbock" benutzen. Wenn wir die Unsinnigkeit der Vorurteile erkennen, sind wir oft zu feige, gegen die Meinung des Kollektivs für die Wahrheit einzutreten. Diese Vorurteile sind oft der erste Schritt auf einem Wege, der sich in Gewalt fortsetzt und in Vernichtung endet. Betrachtet man das Geschehen des Stückes unter diesem Aspekt, so wird deutlich, daß es weniger um Schuld von Gruppen oder einzelnen geht. „Es geht um die Schuldverflechtung, die Interdependenz der Stereotype, die unsere Bewußtseinswelten bevölkern." (F/S, S. 73)

An dieser Stelle des Unterrichts werden die Gedanken von E. Brock-Sulzer in den Unterricht eingebracht (HA 1), die ebenfalls auf den Zusammenhang von Juden- und Bildnisproblem hinweist. (Mat., S. 22 f.)

(Z 1) In guten Klassen kann auch die Problematik des „Modells" Andorra zur Sprache gebracht werden, wobei allerdings der Lehrer Hilfestellung leisten muß:
Das „offene" Modell Andorra „widersetzt sich – ganz anders als bei Brecht und zeitgenössischen engagierten Autoren – der direkten Umsetzung in die Praxis des Rezipienten und läuft, angesichts all seiner theatralischen Wirksamkeit, derart Gefahr, didaktisch ins Leere zu stoßen." (Knapp, S. 12)
Die Verallgemeinerung des Schauplatzes und der Personen birgt die Gefahr der Unverbindlichkeit in sich. Frischs überschaubares Andorra „bietet kein überzeugendes Bild der Komplexität einer modernen Gesellschaftsordnung (...) Die nur holzschnittartig erfaßte Agrargesellschaft (...) des ‚Modells‘ bleibt zu blaß, um die Austragung eines derart weitreichenden Konfliktes glaubhaft zu machen. Im ganzen vermag sie dem Zuschauer nur den Eindruck zu vermitteln, daß die Anonymität jedweder Masse allzu leicht zur Brutstätte von Vorurteil und Gewalt werden kann." (Knapp, S. 32)
Der Entschluß des Autors, auf die Darstellung der Unmenschlichkeit des Nationalsozialismus zu verzichten, da dies doch nicht zu leisten sei, und statt dessen den allgemeinen Verweischarakter zu betonen, siedelt „das Stück letztlich im Niemandsland" an, „zwischen historisch-kritischer Aufarbeitung der deutschen Vergangenheit und wirklich ‚offenem‘, schwebend-allgemein-menschlichem Modell". (Knapp, S. 30)
Es ist nicht zu vermeiden, daß für das deutschsprachige Publikum – und auch für das israelische, vgl. 2. Stunde – hinter dem „Modell" die Judenverfolgung der NS-Zeit durchschimmert, auch wenn Frisch die Allgemeingültigkeit stark betont. Der historische Stoff hat sein Eigengewicht, auch gegen die Intention des Verfassers.
Die Verbindung von „persönlichem" und „politischem" Vorurteil ist problematisch, weil sie zu Akzentverschiebungen und Unschärfen führt, wie auch die Schüler bei der Besprechung des Stückes erkannt haben. Wenn Frisch den Antisemitismus als Sonderfall des Bildnisses betrachtet, so stellt er für ihn etwas Vergleichbares dar und „erscheint, vom Thema der Identitätssuche her gesehen, als eine der vielen Rollen, die die Gesellschaft für den einzelnen bereithält, in die sie ihn drängt, auch wenn das Rollenspiel in diesem Einzelfall mit politischer Bedeutung gekoppelt ist". (Durzak, S. 225)

(Z 2) Als Ausweitung und Ergänzung der Überlegungen können Schüler in einer zusätzlichen Stunde Referate über vorliegende Interpretationsäußerungen in den Unterricht einbringen.
Es bieten sich u. a. an:
H. Krapp: Das Gleichnis vom verfälschten Leben. W/S, S. 98–103
H. R. Hilty: Tabu Andorra. W/S, S. 113–121.
P. Pütz: Max Frischs Andorra – ein Modell der Mißverständnisse. W/S, S. 122–132.
Frühwald/Schmitz: Modell Andorra. F/S, S. 72 f.
Knapp/Knapp: „Andorra" – ein Beitrag zur Bewältigungsliteratur? Knapp, S. 28–30.

(Z 3) Als künstlerischer Abschluß der gesamten Unterrichtseinheit empfiehlt sich das Vorspielen der Plattenaufnahme der Züricher Uraufführung des Stücks (2 Stunden).

Mögliche Lernerfolgskontrollen

1. Andri

Stelle dar, wie Andri von dem Bildnis beeinflußt wird, das sich die Andorraner von ihm machen!

Ist Andri Andorraner, oder wird er einer?

Beschreibe und begründe, wie sich das Verhältnis Andris zu Barblin entwickelt und welche Bedeutung Barblin für ihn hat!

Worin besteht die „Tragik" Andris?

2. Der Lehrer

„Einmal werde ich die Wahrheit sagen – das meint man, aber die Lüge ist ein Egel, sie hat die Wahrheit ausgesaugt." (S. 49) Interpretiere diese Aussage des Lehrers vor dem Hintergrund des Geschehens!

„Du hast uns alle verraten, aber den Andri vor allem. Fluch nicht auf die Andorraner, du selbst bist einer." (S. 82) Interpretiere diese Aussage der Mutter!

Worin besteht die „Tragik" des Lehrers?

3. Andri – Lehrer

Andri sagt zum Lehrer: „Was du getan hast, tut kein Vater." (S. 94) Stelle dar, was er mit dieser Aussage meint!

Wie entwickelt sich das Verhältnis zwischen Andri und dem Lehrer im Verlauf des Geschehens?

4. Die Andorraner

Vergleiche das Verhalten der Andorraner während des Geschehens mit ihrer Selbstrechtfertigung an der Zeugenschranke!

Analysiere und interpretiere das Verhalten des Paters in den beiden Gesprächen mit Andri (7. u. 9. Bild)!

Weise an der Paters nach, daß es sich um „Rollensprache" handelt!

Untersuche, welche Schuld die Andorraner auf sich geladen haben!

Analysiere und interpretiere die Zeugenaussage des Doktors (S. 104 f.) unter sprachlichen und inhaltlichen Gesichtspunkten!

5. Andri – Andorraner

Stelle dar, welche Vorurteile die Andorraner Andri gegenüber haben, und überprüfe sie auf ihre Stichhaltigkeit!

Untersuche am Beispiel des Verhaltens der Andorraner Andri gegenüber und seiner Reaktion, wie sich Fremd- und Selbstbild zueinander verhalten!

Stelle anhand des Stückes dar, unter welchen Bedingungen Vorurteile tödlich sein können!

6. Das Drama

Interpretiere das 1. Bild, und zeige auf, daß in ihm schon die wesentlichen Konflikte, Themen und Probleme angelegt sind!

Interpretiere das 12. Bild („Judenschau") in seinem Verhältnis zum vorangegangenen Geschehen!

Vergleiche den Anfang des 1. Bildes mit dem Schluß des letzten Bildes und interpretiere Gemeinsamkeiten und Unterschiede!

Interpretiere wichtige Symbolzusammenhänge des Dramas!

Stelle dar, welche formalen Eigentümlichkeiten das Stück aufweist, und interpretiere ihre Funktion!

Stelle dar, welche beiden Problembereiche im Stück gestaltet sind und wie sie miteinander zusammenhängen!

Stelle dar, welche Gestaltung das Bildnisproblem im Stück erfahren hat!

Ist „Andorra" ein Zeitstück oder ein zeitloses Stück?

Max Frisch schreibt: „Andorra ist der Name für ein Modell." Wofür ist Andorra „Modell"?

Literaturhinweise, Medien

1. Textausgaben

Max Frisch: Andorra. Frankfurt a. M.: Suhrkamp 1979 (suhrkamp taschenbuch 277)
Max Frisch: Stiller. Frankfurt: Fischer 1965 (Fischer Taschenbuch 655)

2. Materialien

Mat.   Materialien zu Max Frisch „Andorra". Ausgewählt und eingeleitet von Eberhard Hermes, Stuttgart: Klett 1979 (Editionen für den Literaturunterricht)

W/S   Ernst Wendt u. Walter Schmitz: Materialien zu Max Frischs „Andorra". Frankfurt: Suhrkamp 1978 (edition suhrkamp 653)

Plett   Peter Plett (Hrsg.): Dokumente zu Max Frisch, Andorra. Stuttgart: Klett 1972 (Arbeitsmaterialien Deutsch)

3. Interpretationen

Durzak   Manfred Durzak: Dürrenmatt, Frisch, Weiss. Stuttgart: Reclam 1972. Über „Andorra": S. 219–230

Eckart   Rolf Eckart: Max Frisch, Andorra. München: Oldenbourg, ²1967

F/S   Wolfgang Frühwald/Walter Schmitz: Max Frisch, Andorra, Wilhelm Tell. München: Hanser 1977 (Reihe Hanser Literatur-Kommentare 243) Über „Andorra": S. 16–82

Hegele   Wolfgang Hegele: Max Frisch, Andorra. In: Der Deutschunterricht 20, H. 3 (1968), S. 35–50

Heidenreich   Sybille Heidenreich: Frisch, Andorra, Biedermann und die Brandstifter. Hollfeld: Beyer, ² 1974 (Analysen und Reflexionen, Bd. 9) Über „Andorra": S. 20–68

Jurgensen   Manfred Jurgensen: Max Frisch, Die Dramen. Bern: Francke, ²1976. Über „Andorra": S. 80–90

Knapp   Gerhard P. Knapp/Mona Knapp: Max Frisch, Andorra. Frankfurt: Diesterweg 1980 (Grundlagen und Gedanken zum Verständnis des Dramas)

Petersen   Jürgen H. Petersen: Max Frisch. Stuttgart: Metzler 1978 (Sammlung Metzler 173) Über „Andorra": S. 75–80

MF II   Walter Schmitz (Hrsg.): Über Max Frisch II. Frankfurt: Suhrkamp 1976 (edition suhrkamp 852)

4. Aufsätze in Wendt/Schmitz: Materialien zu Max Frischs „Andorra" und in Schmitz: Über Max Frisch II

Dach	Charlotte von Dach: Andorra. Uraufführung eines Schauspiels von Max Frisch. In: W/S, S. 185–193
Frühwald	Wolfgang Frühwald: Wo ist Andorra? In: MF II, S. 305–312
Hilty	Hans Rudolf Hilty: Tabu „Andorra". In: W/S, S. 113–121
Krapp	Helmut Krapp: Das Gleichnis vom verfehlten Leben. In: W/S, S. 98–103 und in MF II, S. 299–304
Pütz	Peter Pütz: Max Frischs „Andorra" – ein Modell der Mißverständnisse. In: W/S, S. 122–132
Schmitz	Walter Schmitz: Neun Thesen zu Andorra. In: W/S, S. 143–159

5. Sonstige Literatur

Brecht	Bertolt Brecht: Schriften zum Theater. Frankfurt: Suhrkamp 1957 (Bibliothek Suhrkamp Bd. 41)
Funkkolleg	Funkkolleg Pädagogische Psychologie. Studienbegleitbrief 7. Weinheim: Beltz 1973
Geißler, 1973	Rolf Geißler: Prolegomena zu einer Theorie der Literaturdidaktik. Hannover: Schroedel, ²1973
Geißler, 1977	Rolf Geißler: Wider den technokratischen Reformformalismus. In: A. C. Baumgärtner, M. Dahrendorf (Hrsg.): Zurück zum Literaturunterricht. Braunschweig: Westermann 1977 (Westermann Taschenbuch 157)
Hofstätter	Peter R. Hofstätter: Gruppendynamik. Reinbek bei Hamburg: Rowohlt 1964 (rde 38)
König	René König (Hrsg.): Das Fischer Lexikon: Soziologie. Frankfurt: Fischer 1960
Riemenschneider	Hartmut Riemenschneider: Ansätze zu einem kritischen Literaturunterricht in der Sekundarstufe. Düsseldorf: Schwann 1972

6. Medien

Max Frisch	Andorra. Gesamtaufnahme (der Züricher Uraufführung), Sprecher: Ernst Schröder, Peter Brogle, Heidemarie Hatheyer, Rolf Henninger, Willi Birgel u. a. Regie: Kurt Hirschfeld. Deutsche Grammophon, 2751001. (2 Platten)

Materialien und Medien: M. Frisch: „Der andorranische Jude" (Mat. S. 11-13),
M. Frisch über „Andorra" (Mat. S. 6/7)

Unterrichtsinhalt	Leitfragen	Methodische Hinweise
(1) <u>Leseeindrücke</u> (a) Eindrucksbefragung (b) Max Frisch über die Entstehung von „Andorra"	– Welchen Eindruck hat die Lektüre des Dramas auf dich gemacht? – Welche Äußerungen M. Frischs über die Entstehung seines Dramas hältst du für wichtig?	– kurze Inhaltsangabe der Skizze und des Dramas – Klärung von Unklarheiten – Sammeln von ersten Eindrücken – vorläufige Klärung des Begriffs „Modell"
(2) <u>Gemeinsamkeiten Skizze – Drama</u> Grundfabel	– Welche Fabel liegt beiden Texten zugrunde?	– HA 1 – fragend-entwickelnd – Tafelanschrift – Begriff: Fabel
(3) <u>Unterschiede Skizze – Drama</u> (a) Überschrift, Titel (b) Bericht – Handlung (Beziehungen, Konflikte) (c) Beschreibung und Demonstration von Vorurteilen (d) Schuldbewußtsein – Unschuldsbeteuerungen, Zeitverschränkung	– Welche unterschiedlichen Akzente werden durch die verschiedenen Überschriften gesetzt? – Welche Veränderungen mußte Frisch vornehmen, um aus der Prosaskizze ein Drama zu machen? – Welche antisemitischen Vorurteile werden in der Skizze genannt? – Auf welche Weise demonstriert Frisch diese Vorurteile? – Wie verhalten sich die Andorraner nach dem Tod des „Juden" in beiden Texten? – Welche Absicht verfolgt Frisch mit der Änderung der Verhaltensweisen der Andorraner? – Warum durchbricht Frisch im Drama den Zeitverlauf?	– HA 2 – fragend-entwickelnd – schrittweises Erarbeiten des Tafelanschriebs – noch kein Eingehen auf inhaltliche und formale Einzelheiten des Textes – Begriff: Zeitverschränkung
(4) <u>Intention der Umarbeitung</u>	– Welche Absicht verfolgt Frisch mit der Umarbeitung der Prosaskizze zum Drama?	– Unterrichtsgespräch – Diskussion der unterschiedlichen Wirkung von Epik und Dramatik

Begriffe: Fabel, Modell (vorläufig), Zeitverschränkung

Hausaufgabe: 1. Kritiken verschiedener Aufführungen (Mat., S. 17-21, W/S S. 186f)
2. Herausarbeiten der Besonderheiten der verschiedenen Aufführungen
(schriftlich, 4 Gruppen)

Tafelanschrieb:

Vergleich Prosaskizze – Drama

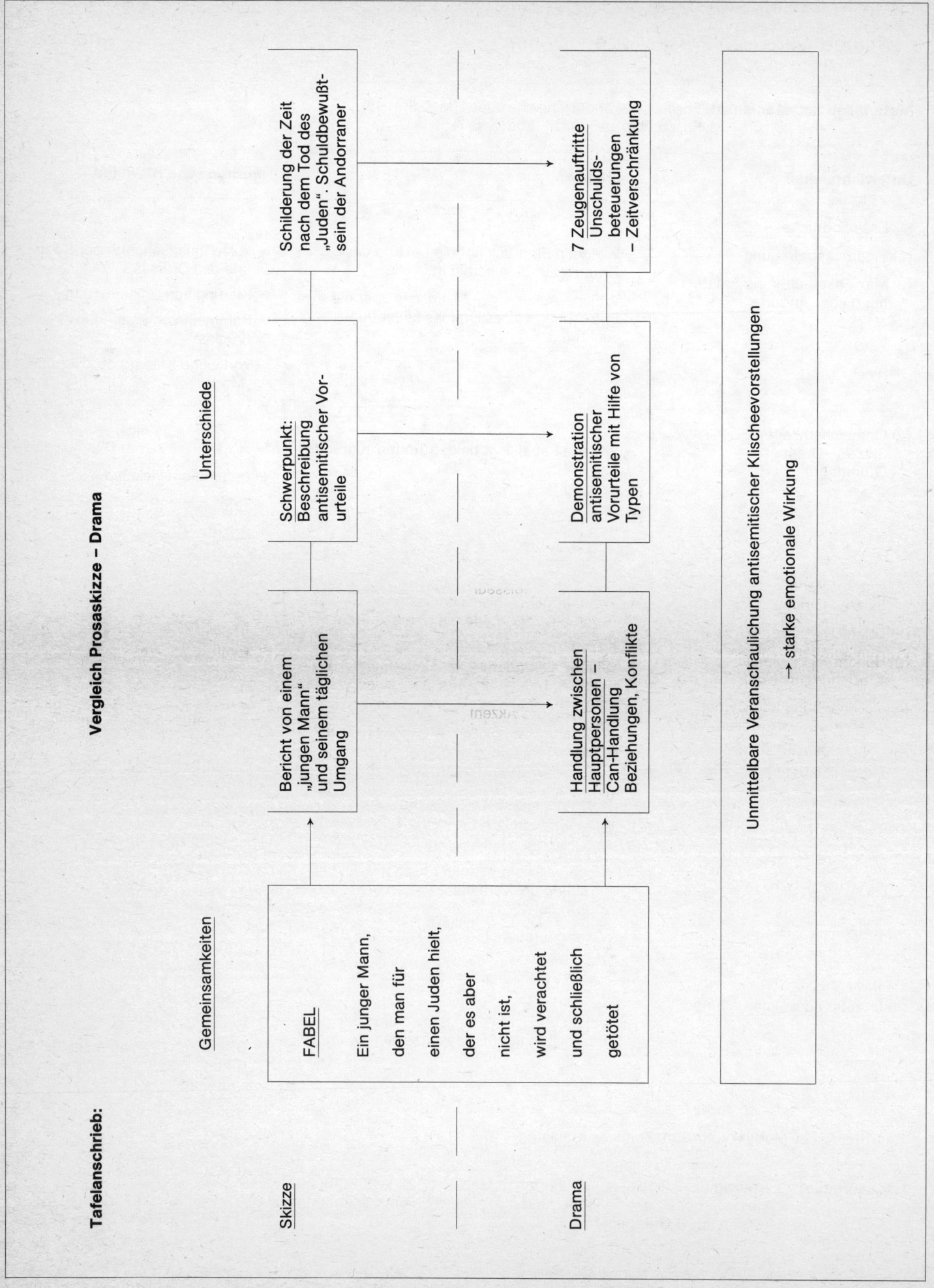

Gemeinsamkeiten

Unterschiede

Skizze

FABEL

Ein junger Mann,

den man für

einen Juden hielt,

der es aber

nicht ist,

wird verachtet

und schließlich

getötet

Bericht von einem „jungen Mann" und seinem täglichen Umgang

Schwerpunkt: Beschreibung antisemitischer Vorurteile

Schilderung der Zeit nach dem Tod des „Juden". Schuldbewußtsein der Andorraner

Drama

Handlung zwischen Hauptpersonen – Can-Handlung Beziehungen, Konflikte

Demonstration antisemitischer Vorurteile mit Hilfe von Typen

7 Zeugenauftritte Unschuldsbeteuerungen – Zeitverschränkung

Unmittelbare Veranschaulichung antisemitischer Klischeevorstellungen

→ starke emotionale Wirkung

Materialien und Medien: Theaterkritiken (Mat. S. 17-21), evtl. W/S, S. 186-187

Unterrichtsinhalt	Leitfragen	Methodische Hinweise
(1) <u>Einstieg</u> Die Zeit um 1960: Wirtschaftswunder NS-Prozesse	– Wie versuchten die Deutschen nach 1945, mit der NS-Vergangenheit und besonders mit der Schuld an den Juden fertigzuwerden?	– Lehrervortrag und Unterrichtsgespräch (eventuell vorbereitende Hausaufgabe)
(2) <u>Aufnahme in der Schweiz</u> „jüdisches Schicksalsstück" – Vorbehalte (Z) Besprechung der Uraufführung durch deutsche Kritiker	– Worin sieht die Schweizer Kritikerin die Intention des Stückes? – Welches sind die Hauptpunkte ihrer Kritik?	– Entweder Frontalunterricht: Die 4 Texte werden nach häuslicher Lektüre gemeinsam besprochen, die Ergebnisse an der Tafel festgehalten
(3) <u>Aufnahme in der BRD</u> „Lehrstück von der Schuld des Menschen" Veränderungen durch den Regisseur (Z) Besprechung der Kritik einer deutschen Erstaufführung	– Worin besteht die Eigenart dieser Inszenierung? – Welche Sehweise des Stückes wird dadurch bewirkt? (Z) Darf der Regisseur ein Stück verändern?	– oder Gruppenarbeit: Die Arbeitsergebnisse der 4 Gruppen werden vorgetragen, an der Tafel notiert, von der Klasse diskutiert und eventuell verändert. – Eventuell können Zusatztexte durch Schülerreferate der Klasse bekannt gemacht werden.
(4) <u>Aufnahme in der DDR</u> „antibürgerliches Lehrstück"	– Welche Akzente hat die DDR-Inszenierung gesetzt? – Erkläre diese Akzente von der Weltanschauung des Regisseurs her!	– Begriffe: Rezeption, Rezeptionsbedingungen
(5) <u>Aufnahme in den USA</u> Kritik am Stück, Gründe für den Verriß (Z) <u>Aufnahme in Israel</u>	– Welche Kritikpunkte werden aufgeführt? – Wie wird der Mißerfolg begründet? – Welche Schwerpunkte hat die Inszenierung? – Wovon ist die Rezeption abhängig?	
(6) <u>Ergebnis</u> Gemeinsamkeiten und Unterschiede im Text- und Problemverständnis, Bedingungen der Rezeption	– In welchen Punkten stimmen die Kritiken überein und in welchen unterscheiden sie sich? – Wie erklären sich die unterschiedlichen Inszenierungen des gleichen Stückes? – Wie erklären sich die unterschiedlichen Kritiken der gleichen Aufführung? – Lassen sich aus den Ergebnissen dieser Stunde schon Fragestellungen für unsere Unterrichtseinheit ableiten?	– fragend-entwickelnd – Tafelanschrieb – eventuell Diskussion über die Rezeptionsbedingungen

Begriffe: Rezeption, Rezeptionsbedingungen

Hausaufgabe: 1. Ausfüllen des vorbereiteten Arbeitsblattes
2. Lesen: Horst Steinmetz, Frisch und Brecht (Mat. S. 25-27)

Tafelanschrieb:

Theaterkritiken

Max Frisch: Andorra, ein Modell
Entst.: (1946) 1961

Schweiz (UA: Zürich 1961)

Ch. v. Dach, Der Bund, Bern

"Allgemeinschuld"
"jüdisches Schicksalsstück"
zu großer Realismus
– keine Verallgemeinerung
Aber: Verstoß gegen
"redliche nationale Haltung"

Zeitstück –
gegen Antisemitismus
kaum Modellcharakter

BR Deutschland (EA: Düsseldorf, Frankfurt, München 1962)

R. Michaelis, Stuttgarter Zeitung

Änderung der Szenenfolge,
Texteingriffe durch den
Regisseur:
Verhinderung eines Illusionstheaters
Spiel des "besonderen menschlichen Falles"

Lehrstück, Schuldproblem
Modellcharakter

DDR (EA: 1963 Rostock)

F. Rödel, Berliner Zeitung

Chauvinismus und Rassenhaß in
der bürgerlichen Gesellschaft

deutliche Bezüge
zum Adenauerstaat

antibürgerliches Lehrstück
gegen Rassenhaß –
Modellcharakter

USA (EA: New York 1963)

S. Lietzmann, FAZ

Vorbehalte gegen Symbolik und
Verallgemeinerung des
Rassismusproblems,
kein Betroffensein –
keine rassistischen Vorurteile

gegen Rassismus –
keine Betroffenheit –
Modellcharakter

Vorwiegend positive Aufnahme im deutschsprachigen Raum – Ablehnung in den USA
Abhängigkeit der Rezeption von der Einstellung des Rezipienten, vom situativen und normativen Kontext

Materialien und Medien: Arbeitsblatt (Inhaltsübersicht, vgl. Textteil); eventuell H. Steinmetz: „Frisch und Brecht" (Mat. S. 25-27)

Unterrichtsinhalt	Leitfragen	Methodische Hinweise
(1) <u>Inhaltsskizze</u> Korrigieren, Ergänzen	– Welche Begebenheiten und Themen werden in den einzelnen Bildern gestaltet? – Welche Figurenkonstellationen lassen sich erkennen?	– eventuell Erarbeiten einer „Wandzeitung" durch einzelne Schüler – HA 1
(2) <u>Die Familie</u> Figuren als Charaktere Inzestproblem Der Lehrer Can	– Wie sind die Familienmitglieder gezeichnet? – Welches Problem belastet Andris Verhältnis zu seiner Familie? – In welcher Beziehung steht Can zu Andri?	– fragend-entwickelnd – schrittweises Erarbeiten des Tafelanschriebs – Begriffe: Charaktere, Inzestproblem
(3) <u>Die Andorraner</u> (a) im Spiel: Verhalten Figuren als Typen Vorurteile (b) an der Schranke: Bezug zur Spielhandlung Rechtfertigung Unbelehrbarkeit	– Wie hat M. Frisch die Andorraner gezeichnet? – Welches Problem belastet Andris Verhältnis zu den Andorranern? – Welche Bedeutung haben die Auftritte an der Rampe für das Spielgeschehen? – Wie verhalten sich die Andorraner nach dem Geschehen?	– fragend-entwickelnd – Weiterführen des Tafelanschriebs – Begriffe: Typen, Kollektiv, Verfremdung – fragend-entwickelnd – Weiterführen des Tafelanschriebs
(4) <u>Andri</u> Funktion der Figur Gegenspieler Persönlichkeitsproblematik	– In welcher Beziehung steht die Figur des Andri zu den beiden Handlungssträngen? – Welches sind seine Gegenspieler? – Welches Problem belastet ihn?	– fragend-entwickelnd – Weiterführen des Tafelanschriebs – Begriff: Identität
(5) <u>Die Judenschau</u> Bedeutung für Can, Andri und die Andorraner	– Welche Bedeutung hat die Judenschau für Can, Andri und die Andorraner? – Wodurch unterscheidet sich Cans Haltung von der der Andorraner?	– fragend-entwickelnd – Weiterführen des Tafelanschriebs – keine Detailanalyse der Szene
(6) <u>Ergebnis</u> dramatische und epische Elemente, Wirkung auf die Zuschauer, Spannung Schwerpunkte der Besprechung (Z) Steinmetz, „Frisch und Brecht"	– Welche Wirkung auf die Zuschauer haben die dramatischen und epischen Handlungselemente? – Welche Haltung dem Geschehen gegenüber soll entstehen? – Auf welche Teilprobleme und Bilder muß bei der Besprechung des Stückes genauer eingegangen werden? – Wie sieht Steinmetz das Verhältnis Frisch-Brecht?	– fragend-entwickelnd/ Lehrervortrag – Weiterführen des Tafelanschriebs – Begriffe: episches Theater, dramatische Form – HA 2

Begriffe: Charakter, Typ, Kollektiv, Inzest, Identität, Verfremdung, episches Theater, dramatische Form

Hausaufgabe: 1. Genaue Lektüre des 1. Bildes
2. Wie wird Andorra von Personen der Handlung beschrieben?
3. Welche Konflikte werden schon im 1. Bild deutlich?

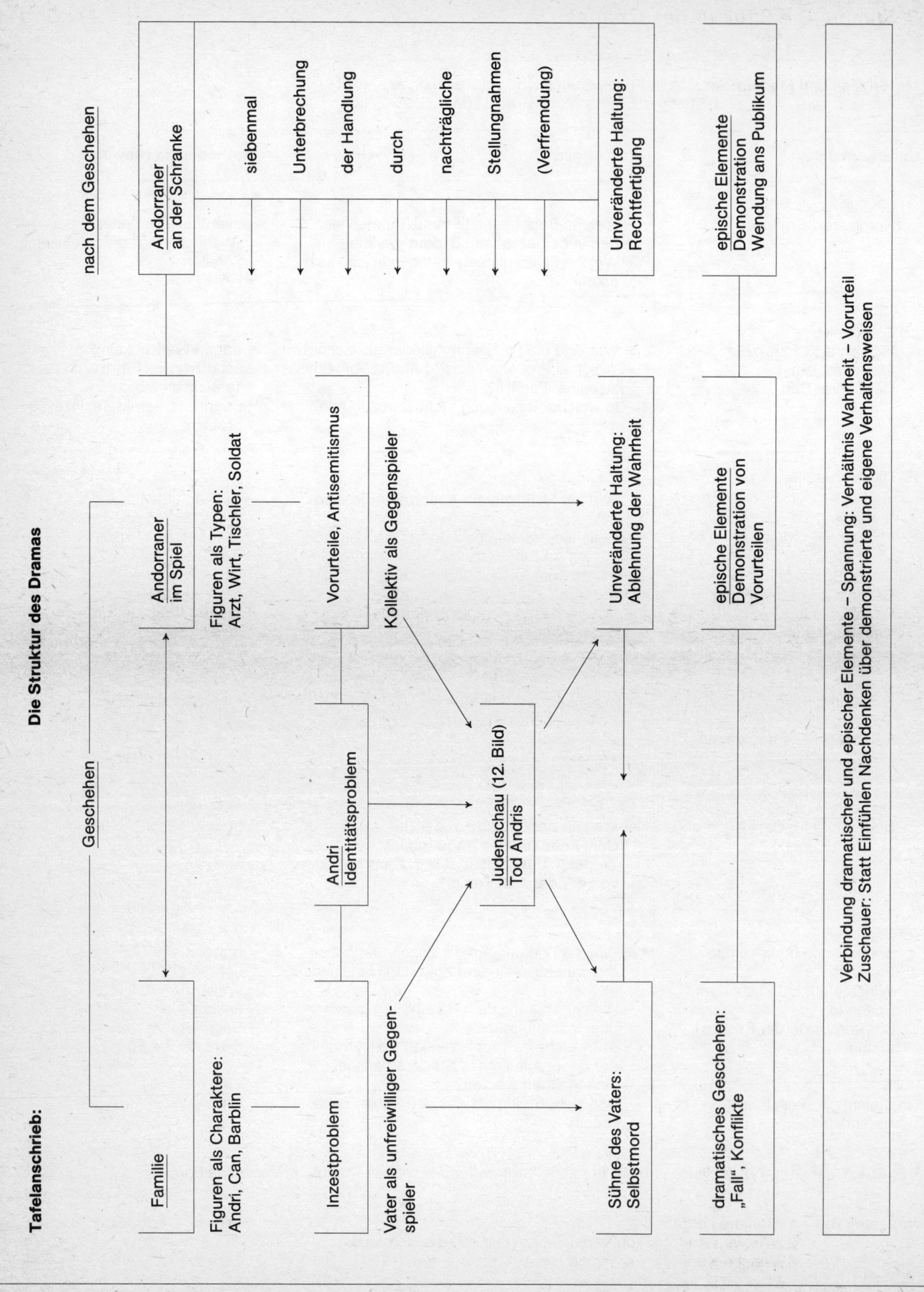

Tafelanschrieb:

Die Struktur des Dramas

Geschehen

nach dem Geschehen

Andorraner an der Schranke — Andorraner im Spiel — Familie

siebenmal Unterbrechung der Handlung durch nachträgliche Stellungnahmen (Verfremdung)

Figuren als Typen: Arzt, Wirt, Tischler, Soldat

Figuren als Charaktere: Andri, Can, Barblin

Vorurteile, Antisemitismus

Andri Identitätsproblem

Inzestproblem

Vater als unfreiwilliger Gegenspieler

Kollektiv als Gegenspieler

Judenschau (12. Bild) Tod Andris

Sühne des Vaters: Selbstmord

Unveränderte Haltung: Rechtfertigung

Unveränderte Haltung: Ablehnung der Wahrheit

epische Elemente Demonstration Wendung ans Publikum

epische Elemente Demonstration von Vorurteilen

dramatisches Geschehen: „Fall", Konflikte

Verbindung dramatischer und epischer Elemente – Spannung: Verhältnis Wahrheit – Vorurteil
Zuschauer: Statt Einfühlen Nachdenken über demonstrierte und eigene Verhaltensweisen

Arbeitsblatt:

Inhalt des Dramas (Arbeitsblatt, evtl. „Wandzeitung")

Zeugenaussage Vordergrund	Bild	Handlungsebene — Inhalt
Wirt (24)	1	Barblin weißelt / Angst vor den Schwarzen / Streit Andri – Soldat
	2	Liebesszene Andri – Barblin
Tischler (29)	3	„Lehrlingsprobe"
Geselle (36)	4	Untersuchung Andris / Ablehnung einer Heirat Andri – Barblin
	5	Bedrohung durch die Schwarzen
	6	Vergewaltigung Barblins / Gespräch Andri – Can
Soldat (58)	7	1. Gespräch Andri – Pater / Zusammenbruch Andris
Pater (65)	8	Ankunft der Señora / Steigende Angst vor den Schwarzen
(77/78) Lehrer Señora	9	Gespräch Andri – Señora / 2. Gespräch Andri – Pater / Mord an der Señora
Jemand (89)	10	Invasion der Schwarzen / Beschuldigung Andris
(97) 2 Soldaten	11	Suche nach Juden / Verhaftung Andris
Doktor (104 f)	12	Judenschau / Ermordung Andris / Barblin weißelt

Andri versucht seine Individualität zu verwirklichen – Ablehnung durch die Gesellschaft

Andri nimmt das ihm aufgezwungene Bildnis an

Materialien und Medien: Schallplattenaufnahme (Anfang des 1. Bildes, bis S. 10)

Unterrichtsinhalt	Leitfragen	Methodische Hinweise
(1) Einstieg (a) Anfang des 1. Bildes (Platte) (b) Kennzeichnung des Ortes Andorra (c) Spannungen und Konflikte (Übersicht)	– Welche Spannungen werden schon beim Hören des Anfangs deutlich? – Wie wird Andorra vom Pater charakterisiert? – Welche Spannungen und Konflikte werden im 1. Bild spürbar?	– Vorspielen der Plattenaufnahme (Anfang 1. Bild, bis S. 10) – fragend-entwickelnd – Einarbeiten der HA 2, 3 – Erarbeiten des Tafelanschriebs
(2) Politischer Konflikt Angst vor den „Schwarzen"	– An welchen Stellen des Textes wird die Angst der Andorraner vor den „Schwarzen" deutlich?	– fragend-entwickelnd – schrittweises Erarbeiten des Tafelanschriebs – funktionale Interpretation sprachlich-stilistischer Mittel (Andeutungen, Vorausdeutungen, Symbole) – Begriffe: Verdrängung, latenter Antisemitismus, – Unterrichtsgespräch
(3) Gesellschaftlicher Konflikt (a) Andorraner – Andri (b) Lehrer – Andorraner	– Wie verhalten sich die Andorraner Andri gegenüber? – Welche Einstellung spricht aus diesem Verhalten? – Wie verhält sich der Lehrer den Andorraner gegenüber? – Warum verhält er sich so?	
(4) Persönliche Konflikte (a) Andri – Lehrer (b) Soldat – Andri	– In welcher Beziehung steht Andri zum Lehrer? – Wie verhält sich der Soldat Barblin gegenüber? – Wie verhält er sich Andri gegenüber? – Welche Motive hat er für sein Verhalten?	
(5) Verhalten den Konflikten gegenüber (a) Angst, Beschwichtigung, Verdrängung (b) Gefahr des Ausbruchs des latenten Antisemitismus	– Wie versuchen die Andorraner, mit diesen Konflikten fertigzuwerden? – Unter welchen Umständen kann latenter Antisemitismus zur Gefahr werden?	

Begriffe: Verdrängung, latenter Antisemitismus

Hausaufgabe: Gruppe 1: Welche „Bilder" machen sich die Andorraner von Andri?
Gruppe 2: Welche Eigenschaften und Verhaltensweisen kennzeichnen Andri anfangs?
Gruppe 3: Wie sehen sich die Andorraner selbst?
Gruppe 4: Wie verhalten sie sich tatsächlich?

Alle Schüler: Was versteht man unter den Begriffen „Vorurteil, Stereotyp, Projektion?"

Tafelanschrieb:

Die Ausgangssituation (1. Bild)

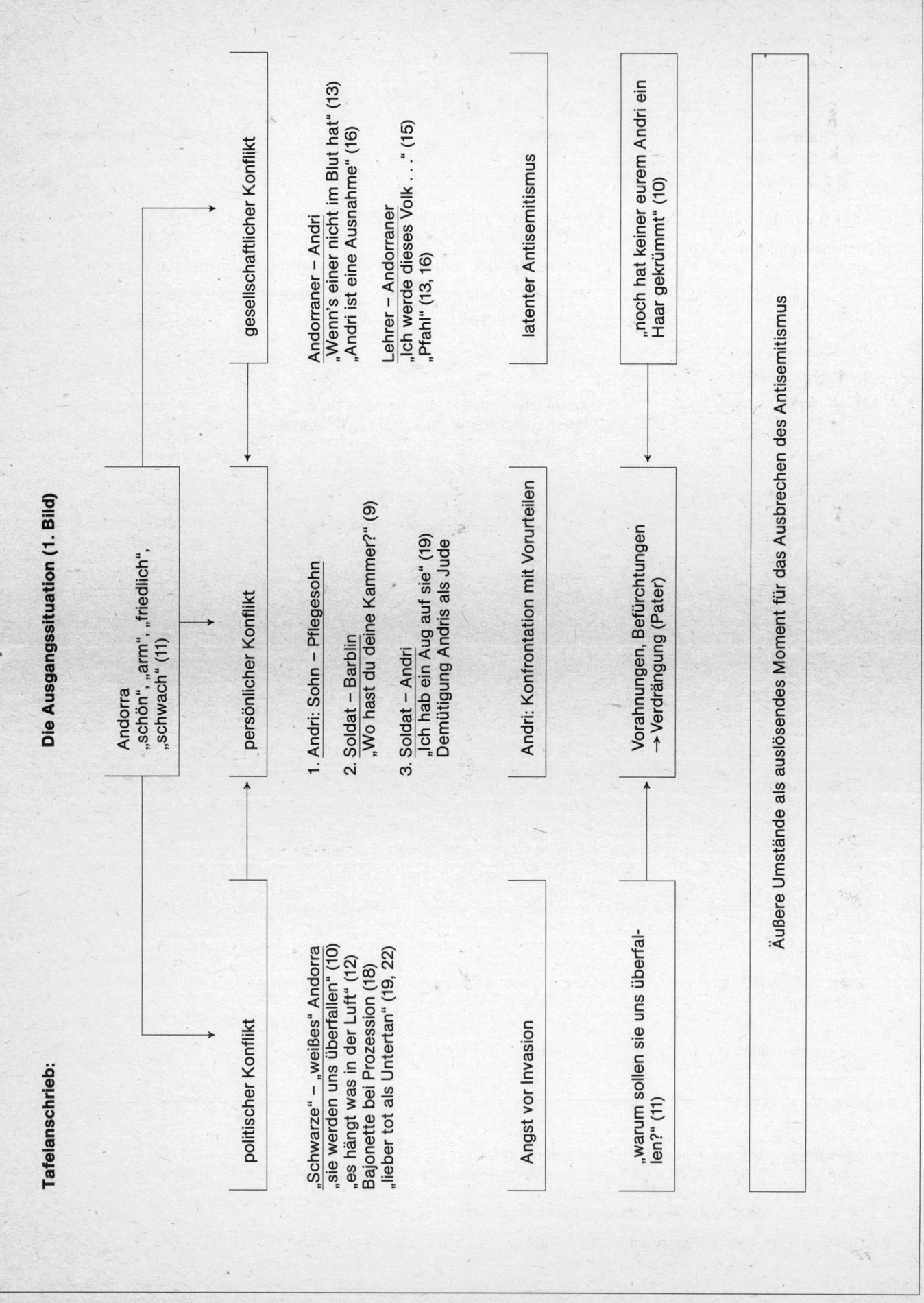

Andorra
„schön", „arm", „friedlich",
„schwach" (11)

gesellschaftlicher Konflikt

politischer Konflikt

persönlicher Konflikt

„Schwarze" – „weißes" Andorra
„sie werden uns überfallen" (10)
„es hängt was in der Luft" (12)
Bajonette bei Prozession (18)
„lieber tot als Untertan" (19, 22)

1. Andri: Sohn – Pflegesohn
2. Soldat – Barblin
   „Wo hast du deine Kammer?" (9)
3. Soldat – Andri
   „Ich hab ein Aug auf sie" (19)
   Demütigung Andris als Jude

Andorraner – Andri
„Wenn's einer nicht im Blut hat" (13)
„Andri ist eine Ausnahme" (16)

Lehrer – Andorraner
„Ich werde dieses Volk . . . " (15)
„Pfahl" (13, 16)

Angst vor Invasion

Andri: Konfrontation mit Vorurteilen

latenter Antisemitismus

„warum sollen sie uns überfallen?" (11)

Vorahnungen, Befürchtungen
→ Verdrängung (Pater)

„noch hat keiner eurem Andri ein
Haar gekrümmt" (10)

Äußere Umstände als auslösendes Moment für das Ausbrechen des Antisemitismus

Materialien und Medien: eventuell Fischer-Lexikon „Soziologie", S. 303 ff.

Unterrichtsinhalt	Leitfragen	Methodische Hinweise
(1) <u>Einstieg: Begriffe</u> Stereotyp, Vorurteil, Bildnis	– Wie werden die Begriffe Stereotyp, Vorurteil, Bildnis im Lexikon erklärt?	– fragend-entwickelnd auf der Grundlage der HA, Ergänzung durch Lehrervortrag
(2) <u>„Bildnis" der Andorraner von Andri</u> (Z) <u>Entstehung der antisemitischen Vorurteile</u>	– Welches Bild machen sich die Andorraner von Andri? – Wie kommt es zur Entstehung der antisemitischen Vorurteile?	– fragend-entwickelnd – schrittweises Erarbeiten des Tafelanschriebs – Grundlage: HA der Gruppe 1 – Begriff: Fremdbild – Lehrervortrag
(3) <u>Verhalten Andris am Anfang</u> (Z) <u>Problematisierung</u>	– Wie verhält sich Andri am Anfang des Geschehens? – Wie stellte sich das Problem, wenn Andri tatsächlich Jude wäre?	– fragend-entwickelnd – Grundlage: HA der Gruppe 2 – Tafelanschrieb – Stillarbeit
(4) <u>Selbstbild der Andorraner</u>	– Wie sehen sich die Andorraner selbst?	– fragend-entwickelnd – Grundlage: HA der Gruppe 3 – Tafelanschrieb – Begriff: Selbstbild
(5) <u>Tatsächliches Verhalten der Andorraner</u>	– Wie verhalten sich die Andorraner in Wirklichkeit?	– fragend-entwickelnd – Grundlage: HA der Gruppe 4 – Tafelanschrieb
(6) <u>Ergebnis</u> Interpretation der Einstellungen und Verhaltensweisen Soziologische Erklärung (Z) <u>Die Entstehung von Vorurteilen in soziologischer Sicht</u> (kann auch nach der 7. Stunde eingeschoben werden)	– In welchem Verhältnis steht Andris tatsächliches Verhalten zum Bildnis, das sich die Andorraner von ihm und von sich machen? – Wie ist das negative Bildnis der Andorraner von Andri zu erklären? – Wie erklärt die Soziologie die Entstehung von Vorurteilen?	– Stillarbeit – Tafelanschrieb – Begriffe: Projektion, Sündenbock – HA der Gruppe 1 – Fischer-Lexikon „Soziologie", S. 303 ff. (Art.: „Vorurteile und Minoritäten") – evtl. Schülerreferat – weitere Textgrundlagen im Kommentarteil

Begriffe: „Bildnis", Vorurteil, Selbstbild, Fremdbild, Stereotyp, Projektion, Sündenbock

Hausaufgabe: 1. Gruppe: Welche beruflichen und privaten Pläne hat Andri?
              2. Gruppe: Wie verhält er sich den Versuchen der Andorraner gegenüber, ihn in die Rolle des Juden zu drängen?
              3. Gruppe: Wie verhält sich Andri in den Gesprächen mit dem Pater?

Tafelanschrieb:

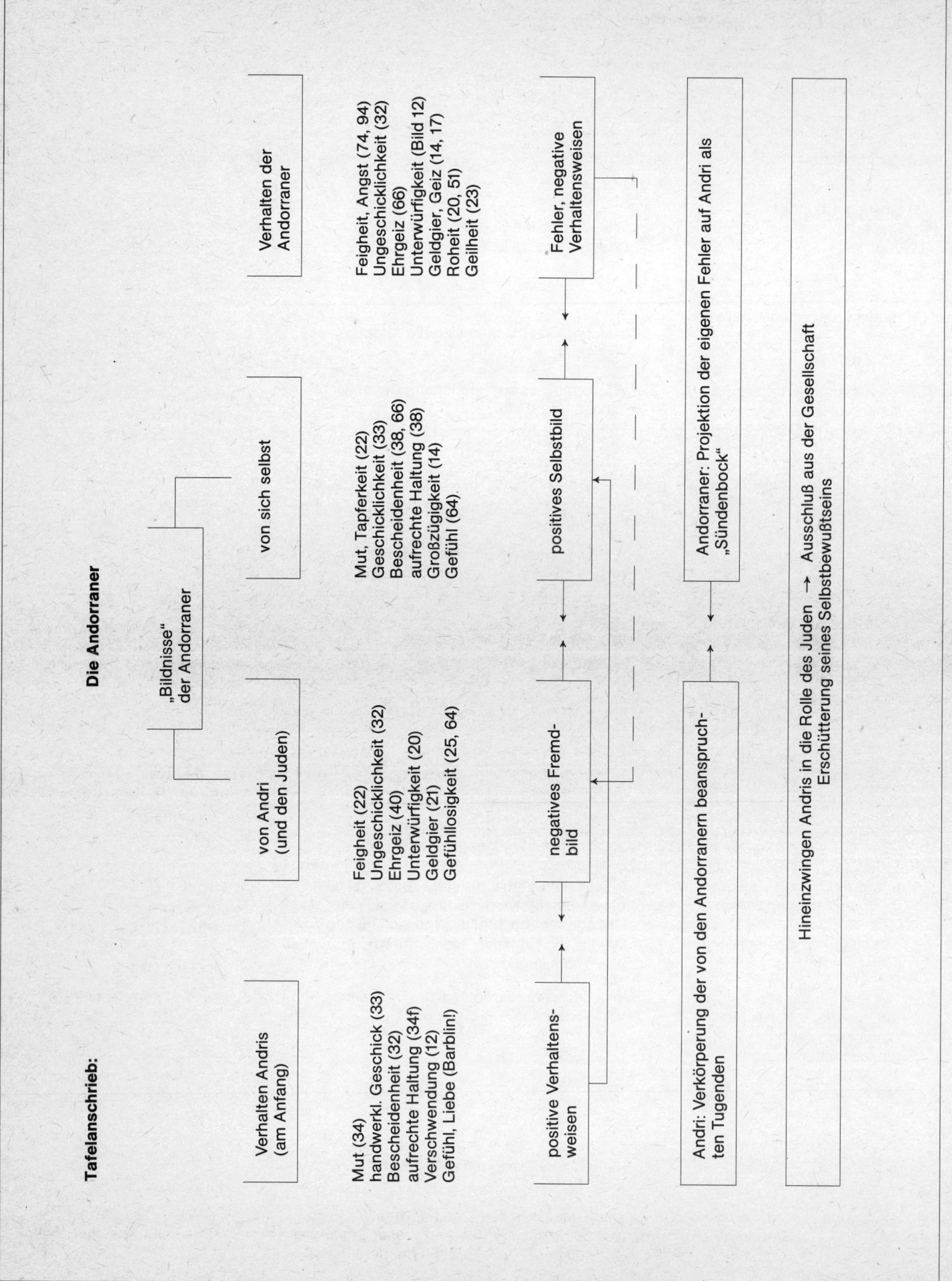

Die Andorraner

„Bildnisse" der Andorraner

Verhalten Andris (am Anfang)

Mut (34)
handwerkl. Geschick (33)
Bescheidenheit (32)
aufrechte Haltung (34f)
Verschwendung (12)
Gefühl, Liebe (Barblin!)

positive Verhaltens-
weisen

von Andri (und den Juden)

Feigheit (22)
Ungeschicklichkeit (32)
Ehrgeiz (40)
Unterwürfigkeit (20)
Geldgier (21)
Gefühllosigkeit (25, 64)

negatives Fremd-
bild

von sich selbst

Mut, Tapferkeit (22)
Geschicklichkeit (33)
Bescheidenheit (38, 66)
aufrechte Haltung (38)
Großzügigkeit (14)
Gefühl (64)

positives Selbstbild

Verhalten der
Andorraner

Feigheit, Angst (74, 94)
Ungeschicklichkeit (32)
Ehrgeiz (66)
Unterwürfigkeit (Bild 12)
Geldgier, Geiz (14, 17)
Roheit (20, 51)
Geilheit (23)

Fehler, negative
Verhaltensweisen

Andri: Verkörperung der von den Andorranern beanspruchten Tugenden

Andorraner: Projektion der eigenen Fehler auf Andri als
„Sündenbock"

Hineinzwingen Andris in die Rolle des Juden → Ausschluß aus der Gesellschaft
Erschütterung seines Selbstbewußtseins

Materialien und Medien: Schallplattenaufnahme,
evtl. M. Frisch: „Notizen von den Proben der Zürcher Aufführung (Mat. S. 7-10)

Unterrichtsinhalt	Leitfragen	Methodische Hinweise
(1) Einstieg: Andri als lebendige Individualität: Wünsche, Neigungen, Fähigkeiten	– Welche beruflichen und privaten Pläne hat Andri?	– fragend-entwickelnd – HA der Gruppe 1 – Erarbeiten des Tafelanschriebs
(2) Wiederholung: Vergleich von Einstellungen	– Erkläre die Unterschiede zwischen den „Bildnissen", die sich die Andorraner von sich und Andri machen, und seinem tatsächlichen Verhalten!	– fragend-entwickelnd – Rückgriff auf Stunde 5
(3) Konsequenzen des „Bildnisses" für Andri: (a) Nachdenken (b) Widerstand	– Wie verhält sich Andri den Versuchen der Andorraner gegenüber, ihn in das Bildnis des Juden zu drängen?	– fragend-entwickelnd – HA der Gruppe 2 – Weiterentwickeln des Tafelanschriebs
(4) Enttäuschungen (a) Verweigerung Barblins (b) Enttäuschung durch Barblin (Z) Vergewaltigung?	– Wie erklärt sich Andri die Verweigerung Barblins durch Can, und wie reagiert er? – Wie erklärt sich Andri das Verhalten Barblins, und welche Bedeutung hat es für ihn? – Wird Barblin vergewaltigt?	– fragend-entwickelnd – Textgrundlage: Bild 4 und Bild 6 – HA der Gruppe 2 – Tafelanschrieb – Text: Mat. S. 7-10
(5) Die Gespräche mit dem Pater (a) 1. Gespräch (7. Bild) Widerstand Andris, Zusammenbruch (b) 2. Gespräch mit dem Pater Selbstsicherheit Andris, Annahme des „Bildnisses"	– Wie verhalten sich der Pater und Andri in diesem Gespräch? – Wie reagiert Andri auf die „Wahrheit", die ihm der Pater mitteilt? – Wie verhalten sich Pater und Andri in diesem Gespräch? – Warum akzeptiert Andri nicht die Wahrheit über seine Herkunft?	– fragend-entwickelnd – Textgrundlage: Bild 7 – Platteneinspielung – HA der Gruppe 3/Tafelanschrieb – Begriffe: Identität, Identitätsverlust – fragend-entwickelnd – Textgrundlage: Bild 9 – Platteneinspielung – HA der Gruppe 3/Tafelanschrieb – Begriff: Identifikation
(6) Problematisierung (a) Verfehlen der Wahrheit (b) Erstarren zum „Bild"	– Worin liegt die Problematik der neuen Identität Andris? – Welche Bedeutung hat diese Identität für die Andorraner?	– Unterrichtsgespräch: Versuch, die Schüler Andris Verhalten von verschiedenen Perspektiven her beurteilen zu lassen
(7) Kritik an Frischs Konzeption	– Wirkt die Figur des Andri glaubwürdig und überzeugend?	– Diskussion

Begriffe: Identität, Identitätsverlust, Identifikation

Hausaufgabe: Lektüre der beiden Texte von Frisch und Brecht (Mat. S. 13-17)
Leitfragen: Was verstehen die Autoren unter „Bildnis"? Welche Bedeutung messen sie dem „Bildnis" zu? Welche Bedeutung weisen die Autoren der Liebe zu?

Tafelanschrieb:

Andri

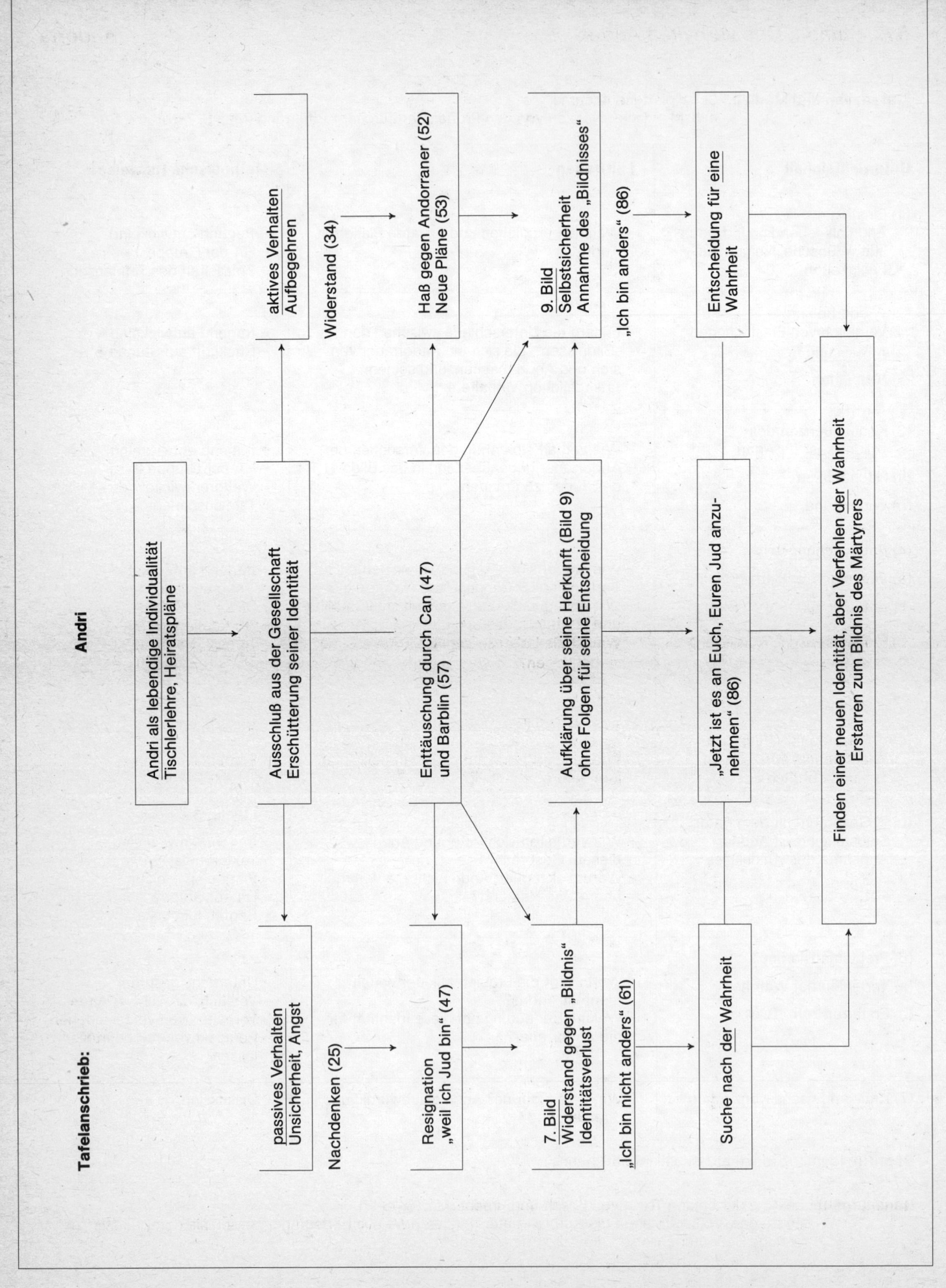

Andri als lebendige Individualität
Tischlerlehre, Heiratspläne

aktives Verhalten
Aufbegehren

Widerstand (34)

Haß gegen Andorraner (52)
Neue Pläne

9. Bild
Selbstsicherheit
Annahme des „Bildnisses"

„Ich bin anders" (86)

Entscheidung für eine Wahrheit

Ausschluß aus der Gesellschaft
Erschütterung seiner Identität

Enttäuschung durch Can (47)
und Barblin

Aufklärung über seine Herkunft (Bild 9)
ohne Folgen für seine Entscheidung

„Jetzt ist es an Euch, Euren Jud anzunehmen" (86)

Finden einer neuen Identität, aber Verfehlen der Wahrheit
Erstarren zum Bildnis des Märtyrers

passives Verhalten
Unsicherheit, Angst

Nachdenken (25)

Resignation
„weil ich Jud bin" (47)

7. Bild
Widerstand gegen „Bildnis"
Identitätsverlust

„Ich bin nicht anders" (61)

Suche nach der Wahrheit

Materialien und Medien: M. Frisch: „Du sollst dir kein Bildnis machen" (Mat. S. 13-15)
B. Brecht: „Über das Anfertigen von Bildnissen (Mat. S. 15-16)

Unterrichtsinhalt	Leitfragen	Methodische Hinweise
(1) Einstieg Ersteindruck beider Texte Klärung von Verstehens- schwierigkeiten	– Welches sind die Besonderheiten beider Texte? – Welche Verständnisschwierigkeiten sind aufgetreten?	– Unterrichtsgespräch – Textgrundlage: Mat. S. 13-16
(2) Auffassung Brechts (a) Beziehung „Bildnis" – Liebe (b) Kritik an Brechts Auffassung	– Welche Möglichkeiten und Gefahren sieht Brecht in der Verwendung von „Bildnissen"? – Welche Beziehung besteht für ihn zwischen „Bildnis" und „Liebe"? – Wie lebensnah ist diese Auffassung?	– fragend-entwickelnd – Tafelanschrieb – Textgrundlage: Mat. S. 15-16 – Begriff: „produktive Veränderung" – HA
(3) Auffassung Frischs (a) Beziehung „Bildnis" – Liebe (b) Kritik an Frischs Auffassung	– Welche Auffassung äußert Frisch vom Wesen des „Bildnisses" und der „Liebe"? – Wie sieht Frisch das Verhältnis von „Bildnis" und „Liebe"? – Wie ist die Lebensnähe dieser Auffassung zu beurteilen?	– fragend-entwickelnd – Tafelanschrieb – Textgrundlage: Mat. S. 13-15 – HA
(4) Bezug zu „Andorra" (a) „Andorra": Verbindung zweier Problembereiche (b) Problematik in „Andorra"	– Welche Unterschiede sind in der Gestaltung des Bildnisproblems im Tagebuch einerseits und im Stück andererseits festzustellen? – Wie veranschaulicht Frisch die Bildnis-thematik in „Andorra"?	– Gruppenarbeit – Tafelanschrieb – Stillarbeit – Unterrichtsgespräch

(Z 1) Bildnisproblem in „Stiller"
 	
(Z 2) „Pygmalion im Klassenzimmer"
 	
(Z 3) Wissenschaftliche Texte (falls nicht schon in der 5. Stunde besprochen)
	– Wie gestaltet Frisch das Bildnisproblem in seinem Roman „Stiller"?
	
	– Wie wirkt sich das Bildnisproblem im täglichen Leben aus?
	
	– Wie sieht die Soziologie das „Bildnisproblem"?
		– fragend-entwickelnd, Lehrervortrag oder Schülerreferat
		
		– Textgrundlage: „Stiller", S. 89, 131f., 305f.
		
		– Lehrervortrag
		
		– Text: Funkkolleg S. 67
		– Begriff: Pygmalion-Effekt
		
		– Schülerreferate
		– Text: Hofstätter, S. 108
		      König, S. 303-307
		      Allport in: WS, S. 74-79

Begriffe: „produktive Veränderung"; evtl. „Pygmalion-Effekt"

Hausaufgabe: 1. Gruppe: Wie wird Can als junger Lehrer charakterisiert?
2. Gruppe: Aus welchen Gründen verschweigt er die Wahrheit über Andris Herkunft?

Tafelanschrieb:

Frisch und Brecht zum Bildnisproblem

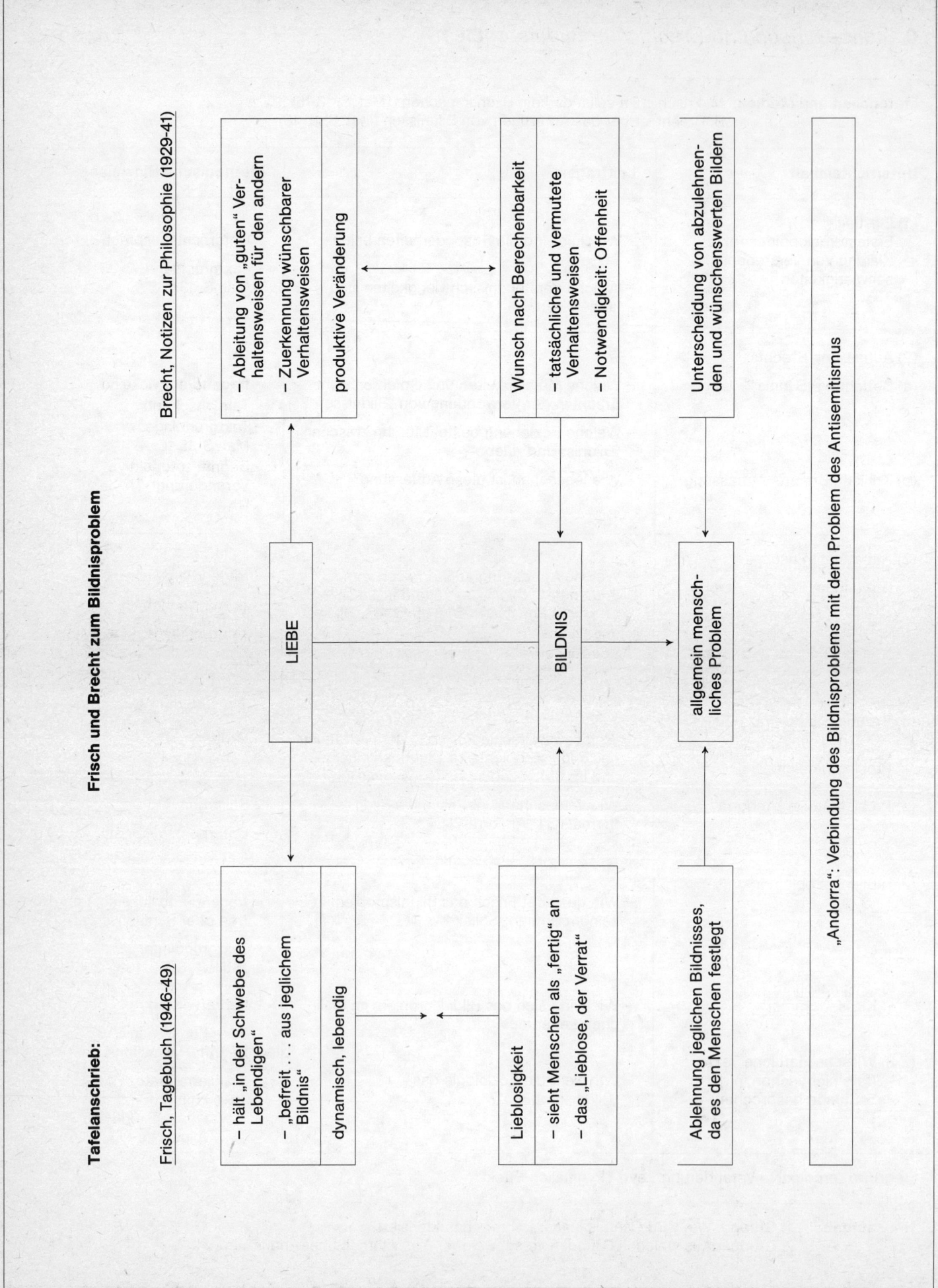

Frisch, Tagebuch (1946-49)

- hält „in der Schwebe des Lebendigen"
- „befreit . . . aus jeglichem Bildnis"

dynamisch, lebendig

Lieblosigkeit

- sieht Menschen als „fertig" an
- das „Lieblose, der Verrat"

Ablehnung jeglichen Bildnisses, da es den Menschen festlegt

LIEBE

BILDNIS

allgemein menschliches Problem

Brecht, Notizen zur Philosophie (1929-41)

- Ableitung von „guten" Verhaltensweisen für den andern
- Zuerkennung wünschbarer Verhaltensweisen

produktive Veränderung

Wunsch nach Berechenbarkeit

- tatsächliche und vermutete Verhaltensweisen
- Notwendigkeit: Offenheit

Unterscheidung von abzulehnenden und wünschenswerten Bildern

„Andorra": Verbindung des Bildnisproblems mit dem Problem des Antisemitismus

Unterrichtsinhalt	Leitfragen	Methodische Hinweise
(1) <u>Der junge Can</u> Doppelrolle, Ziele und Absichten	– Wie wird der junge Can als Lehrer charakterisiert? – Wie verhält er sich den Andorranern gegenüber?	– fragend-entwickelnd – schrittweises Erarbeiten des Tafelanschriebs – HA der Gruppe 1
(2) <u>Gründe für die Lüge über Andris Herkunft</u> (a) Feigheit (b) pädagogische Gründe (c) Vereinbarkeit der Motive	– Aus welchen Gründen verschweigt Can Andris Herkunft? – Lassen sich die Motive miteinander vereinbaren?	– fragend-entwickelnd – schrittweises Erarbeiten des Tafelanschriebs – HA der Gruppe 2 – Partnerarbeit – Begriff: Rationalisierung
(3) <u>Konsequenzen für Can</u> (a) Gewissenskonflikt (b) verspätete Wahrheit	– Welche persönlichen Konsequenzen ergeben sich aus der Lüge für Can? – Wodurch wird Can zur Wahrheit gezwungen?	– fragend-entwickelnd – Tafelanschrieb
(4) <u>Konsequenzen für die andern</u> (a) Verrat an Andri (b) Verrat an der Familie (c) Verrat an den Andorranern (Z) „Bildnisse"	– Inwiefern verrät Can seinen Sohn? – Inwiefern verrät er seine Familie – Inwiefern verrät er die Andorraner? – Welche „Bildnisse" hat sich Can von sich und seinen Mitmenschen gemacht?	– Gruppenarbeit – Tafelanschrieb – Diskussion – fragend-entwickelnd/ Unterrichtsgespräch – Rückgriff auf 8. Stunde
(5) <u>Schicksal Cans</u> Tod als Sühne, Tragik Verhaltensalternativen (Z) <u>Diskussion Lehrer – Andri</u> über die Gründe und Folgen des Verhaltens	– Warum erhängt sich Can im Schulzimmer? – Worin besteht seine Tragik? – Wie hätte sich Can anders verhalten können?	– fragend-entwickelnd – Diskussion – Begriff: Tragik – Szenisches Spiel: freies Umgehen mit dem Text Verwendung der Unterrichts- ergebnisse

Begriffe: Rationalisierung, Tragik

Hausaufgabe: Beschreibe das Verhalten folgender Personen bei der Judenschau:
                   1. des Wirtes   2. des Doktors   3. des Lehrers

                   (3 Gruppen)

Tafelanschrieb:

Der Lehrer

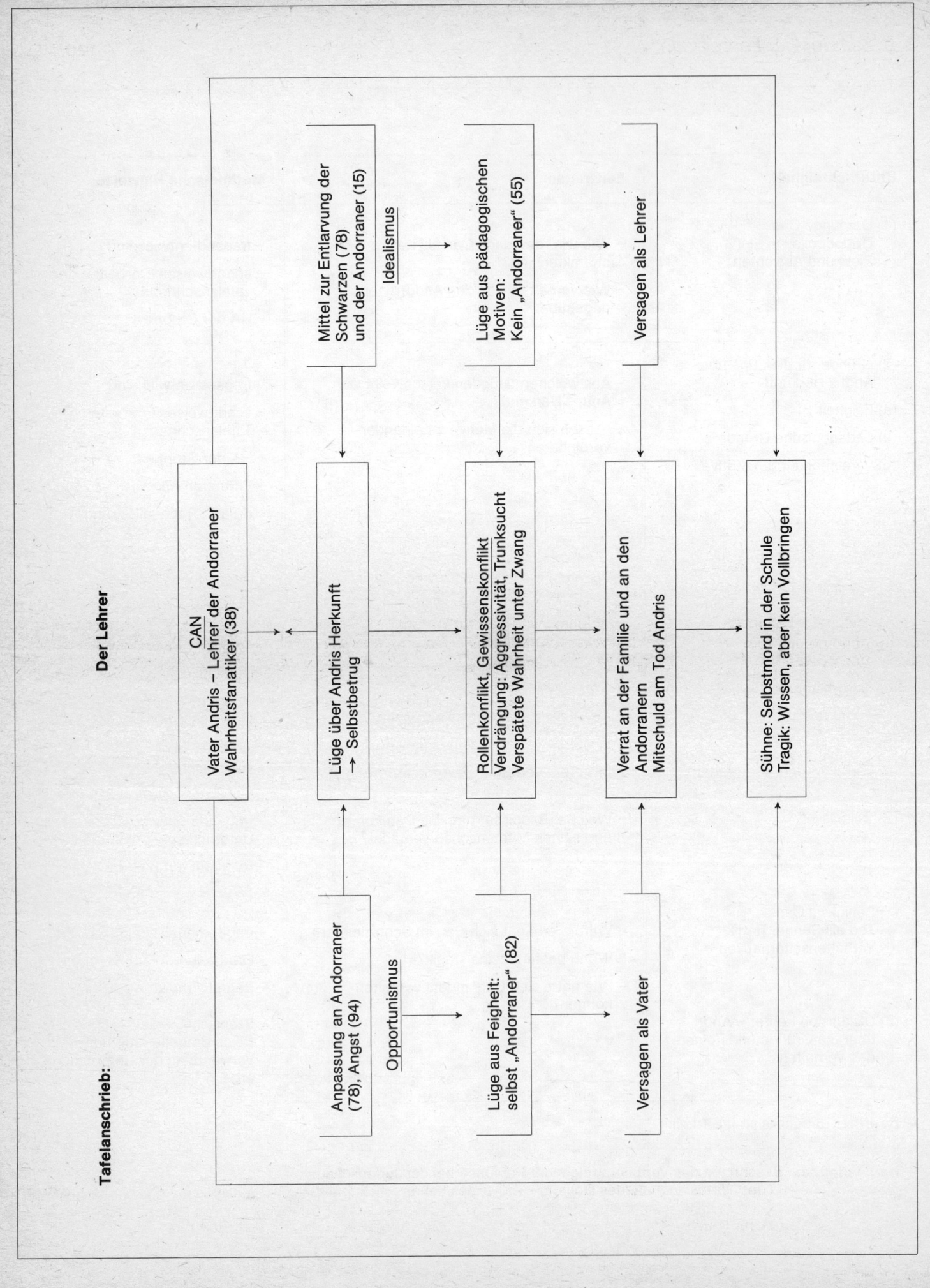

CAN
Vater Andris – Lehrer der Andorraner
Wahrheitsfanatiker (38)

Mittel zur Entlarvung der
Schwarzen (78)
und der Andorraner (15)

Idealismus

Lüge aus pädagogischen
Motiven:
Kein „Andorraner" (55)

Versagen als Lehrer

Lüge über Andris Herkunft
→ Selbstbetrug

Rollenkonflikt, Gewissenskonflikt
Verdrängung: Aggressivität, Trunksucht
Verspätete Wahrheit unter Zwang

Verrat an der Familie und an den
Andorranern
Mitschuld am Tod Andris

Sühne: Selbstmord in der Schule
Tragik: Wissen, aber kein Vollbringen

Anpassung an Andorraner
(78), Angst (94)

Opportunismus

Lüge aus Feigheit:
selbst „Andorraner" (82)

Versagen als Vater

Materialien und Medien: Schallplattenaufnahme

Unterrichtsinhalt	Leitfragen	Methodische Hinweise
(1) Einstieg Situation beim Einmarsch der „Schwarzen"	– Was ist bisher geschehen? – Wie reagieren die Andorraner auf den Einmarsch der „Schwarzen?"	– Inhaltsangabe des 12. Bildes – dann Beschreibung des bisherigen Geschehens
(2) Judenschau (a) inhaltliche und formale Bedeutung (b) Die „Schwarzen"	– Welche Bedeutung für Handlung und Aufbau des Dramas hat Bild 12? – Welche Bedeutung haben die „Schwarzen?"	– fragend-entwickelnd – schrittweises Erarbeiten des Tafelanschriebs
(3) Verhalten der Andorraner (a) Identifikation (b) Angst	– Wie verhalten sich die Andorraner den „Schwarzen" gegenüber? – Warum verhalten sie sich so?	– fragend-entwickelnd – Tafelanschrieb – Hausaufgaben der Gruppe 1 und 2 – Begriff: Identifikation (Wdhlg.)
(4) Verhalten der Familie (a) Aufforderung zum Widerstand (b) Sagen der Wahrheit	– Welche Rettungsmöglichkeiten für Andri sieht die Familie? – Wie verhalten sich Barblin, die Mutter, der Lehrer?	– fragend-entwickelnd – Tafelanschrieb – Hausaufgabe der Gruppe 3
(5) Verhalten Andris Isolation, Tod	– Wie verhält sich Andri bei der Judenschau? – Warum verhält er sich so?	– fragend-entwickelnd – Tafelanschrieb
(6) Reaktion auf die Ereignisse (a) Familie (b) Andorraner	– Welche Folgen hat das Geschehen für die Familie? – Wie beurteilen die Andorraner das Geschehen? – Welche zu verallgemeinernde Haltung läßt sich erkennen?	– fragend-entwickelnd – Tafelanschrieb – Einspielen des Dramenschlusses von der Platte (ab Seite 124 Mitte)
(7) Ergebnis Bedeutung der Szene Akzentverschiebung	– Welche Absicht verfolgt Frisch mit dieser Szene? – Welche Akzentverschiebung hinsichtlich der Problematik ist festzustellen?	– Partnerarbeit, dann: – Unterrichtsgespräch – Tafelanschrieb

Begriffe: Identifikation (Wiederholung)

Hausaufgabe: 1. Gruppe: In welchen Stufen werden die Informationen über Andris Schicksal den Zuschauern vermittelt?
2. Gruppe: Beschreibung und Interpretation der Aussagen des Wirtes, Tischlers, Gesellen, Soldaten, Pater, Jemands, Doktors vor der Schranke (evtl. Aufteilung in Untergruppen)

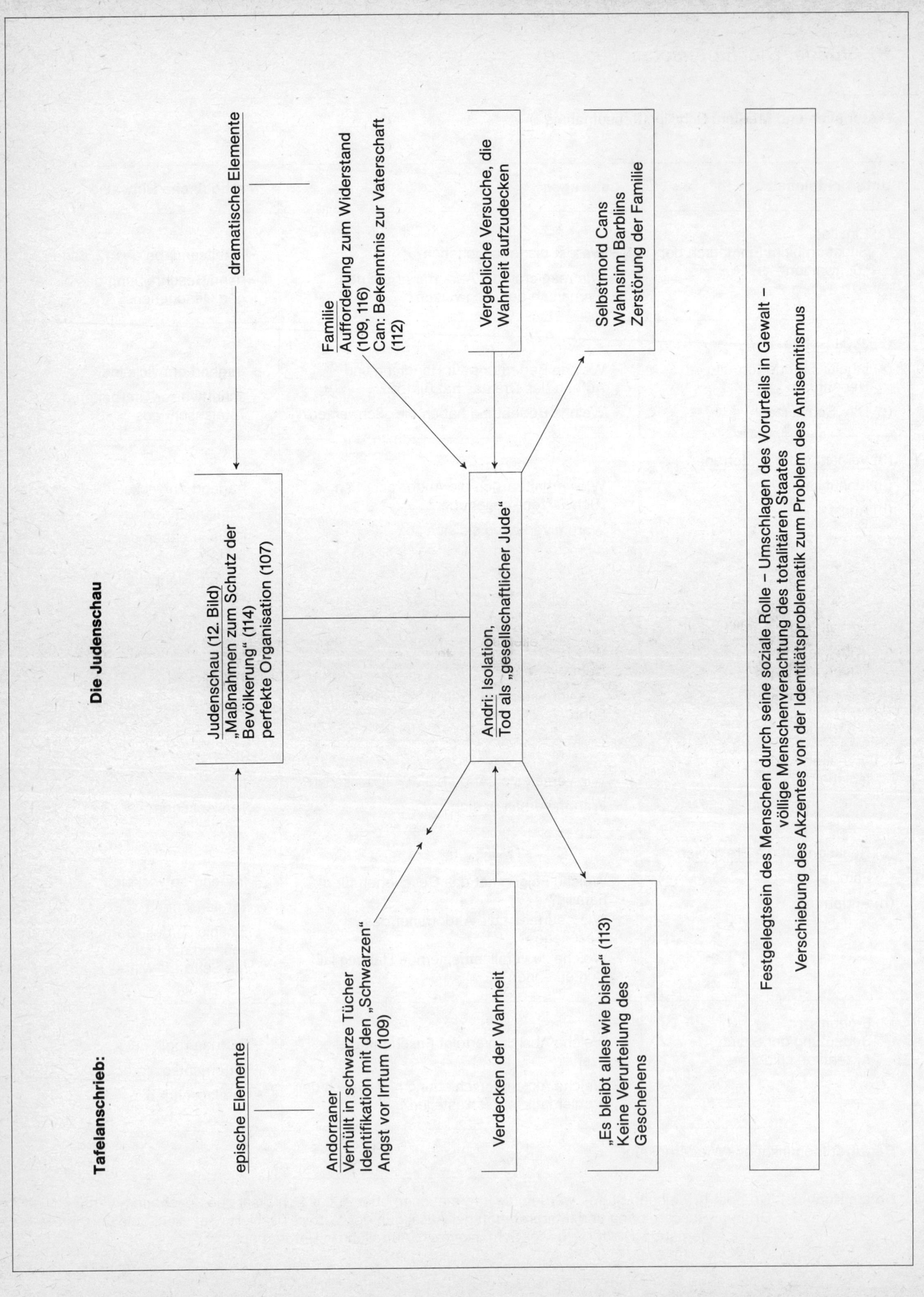

Tafelanschrieb:

Die Judenschau

dramatische Elemente

epische Elemente

Judenschau (12. Bild)
„Maßnahmen zum Schutz der Bevölkerung" (114)
perfekte Organisation (107)

Andorraner
Verhüllt in schwarze Tücher
Identifikation mit den „Schwarzen"
Angst vor Irrtum (109)

Familie
Aufforderung zum Widerstand (109, 116)
Can: Bekenntnis zur Vaterschaft (112)

Vergebliche Versuche, die Wahrheit aufzudecken

Andri: Isolation, Tod als „gesellschaftlicher Jude"

Selbstmord Cans
Wahnsinn Barblins
Zerstörung der Familie

Verdecken der Wahrheit

„Es bleibt alles wie bisher" (113)
Keine Verurteilung des Geschehens

Festgelegtsein des Menschen durch seine soziale Rolle – Umschlagen des Vorurteils in Gewalt – völlige Menschenverachtung des totalitären Staates
Verschiebung des Akzentes von der Identitätsproblematik zum Problem des Antisemitismus

Materialien und Medien: Schallplattenaufnahme, evtl. K. Matthias: „Die Rolle des Zuschauers" (Mat. S. 24–25)

Unterrichtsinhalt	Leitfragen	Methodische Hinweise
(1) <u>Funktion der Zeugenaussagen</u> Auflösung der Abfolge, Rechtfertigungsversuche, Information	– Welche formale und inhaltliche Funktion haben die Zeugenaussagen? – Welche Bedeutung haben sie für den Zuschauer?	– fragend-entwickelnd – Erarbeiten des Tafelanschriebs – Rückgriff auf 3. Stunde
(2) <u>Bedeutung für das dramatische Geschehen</u> (a) Verweis auf Vergangenheit (b) Vorgriff auf Zukunft	– Welche Mittel verdeutlichen den zeitlichen Abstand zur Andri-Handlung? – Welche Haltung zum Geschehen wird deutlich? – Welche neuen Informationen erhält der Leser?	– fragend-entwickelnd – Tafelanschrieb – HA der Gruppe 1
(3) <u>Beurteilung des früheren Verhaltens</u> (a) Leugnen der Schuld (b) Täuschung, Vorurteil (c) teilweises Schuldbekenntnis (Pater)	– Welchen Zweck verfolgen die Zeugen mit ihren Aussagen? – Wie stehen sie zu ihrer Schuld? – Wie beurteilen sie ihr früheres Verhalten?	– fragend-entwickelnd – Tafelanschrieb – HA der Gruppe 2 – Begriff: Verdrängung (Wdhlg.) – evtl. Platte
(4) <u>Bewertung der Aussagen</u> Selbstentlarvung der Andorraner	– Welche Erkenntnis gewinnt der Zuschauer aufgrund der Zeugenaussagen?	– Stillarbeit, dann – Unterrichtsgespräch – Tafelanschrieb
(5) <u>Intention des Verfassers</u> Verfehlte Vergangenheits-bewältigung, Adressat: Zuschauer	– Welche Intention verfolgt Frisch mit den Zeugenaussagen? – Welche Meinung vertritt K. Matthias über die Rolle des Zuschauers?	– Unterrichtsgespräch, Diskussion – Rückgriff auf 3. Stunde – evtl. Mat. S. 24–25 – Tafelanschrieb
(Z 1) <u>Kritik an Frischs Intention</u>	– Wird die von Frisch beabsichtigte Wirkung erreicht?	– Diskussion und Lehrervortrag
(Z 2) <u>Fiktive Szene:</u> Andorraner im Wirtshaus im Gespräch mit einem Reporter		– szenisches Spiel

Begriffe: Verdrängung (Wiederholung)

Hausaufgabe: Worin besteht die Schuld   1. der Andorraner?   3. Cans?
                                     2. des Paters?   4. Andris?
 (Evtl. 4 Gruppen)

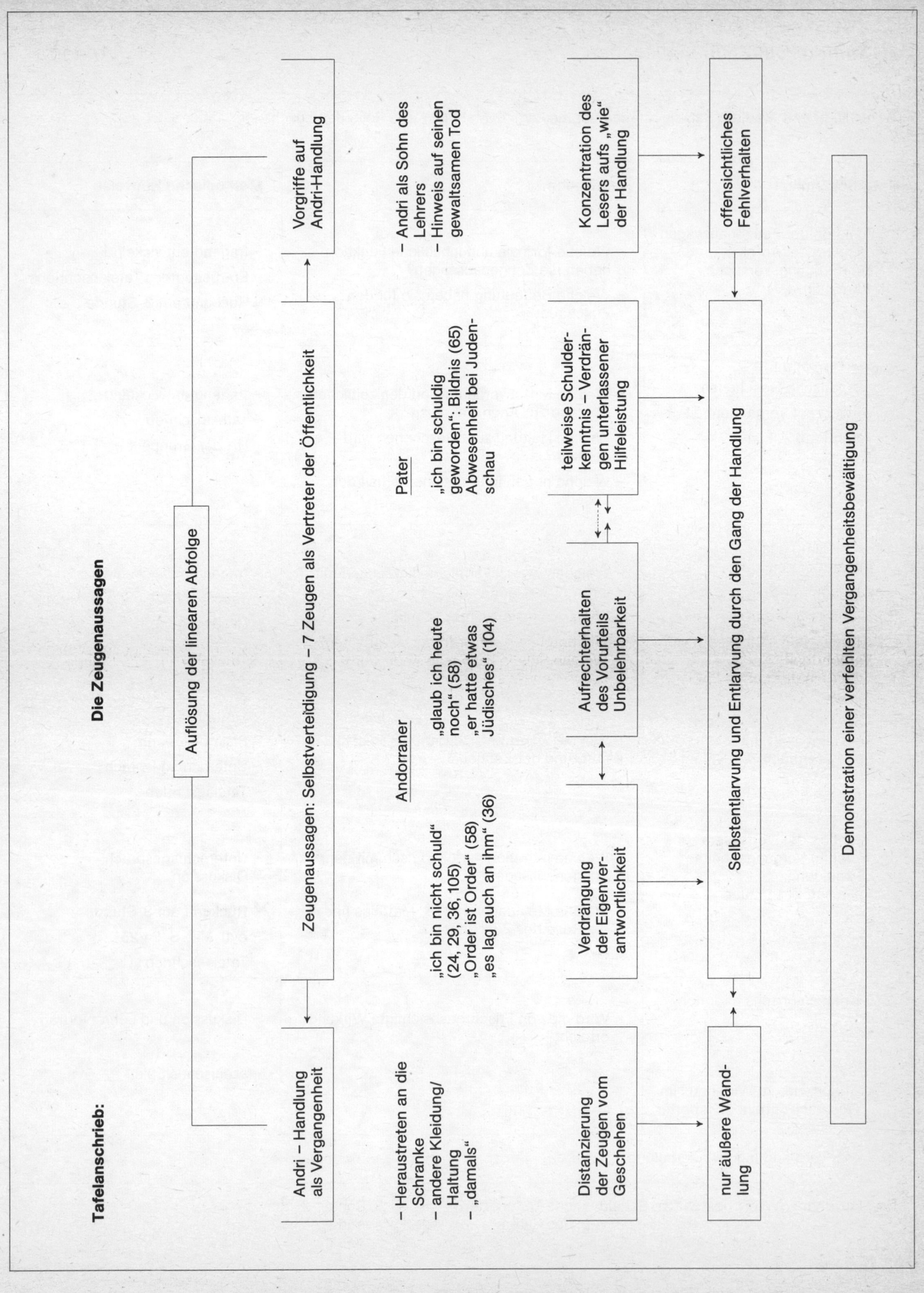

Die Zeugenaussagen

Auflösung der linearen Abfolge

Vorgriffe auf Andri-Handlung

Andri – Handlung als Vergangenheit

Zeugenaussagen: Selbstverteidigung – 7 Zeugen als Vertreter der Öffentlichkeit

– Heraustreten an die Schranke
– andere Kleidung/ Haltung
– „damals"

__Andorraner__

„ich bin nicht schuld" (24, 29, 36, 105)
„Order ist Order" (58)
„es lag auch an ihm" (36)

„glaub ich heute noch" (58)
„er hatte etwas Jüdisches" (104)

__Pater__

„ich bin schuldig geworden": Bildnis (65)
Abwesenheit bei Judenschau

– Andri als Sohn des Lehrers
– Hinweis auf seinen gewaltsamen Tod

Konzentration des Lesers aufs „wie" der Handlung

offensichtliches Fehlverhalten

teilweise Schulderkenntnis – Verdrängen unterlassener Hilfeleistung

Aufrechterhalten des Vorurteils Unbelehrbarkeit

Verdrängung der Eigenverantwortlichkeit

Distanzierung der Zeugen vom Geschehen

nur äußere Wandlung

Selbstentlarvung und Entlarvung durch den Gang der Handlung

Demonstration einer verfehlten Vergangenheitsbewältigung

Materialien und Medien: keine

Unterrichtsinhalt	Leitfragen	Methodische Hinweise
(1) <u>Schuld der Umwelt</u> (a) Andorraner (b) Pater (c) Ursachen	– Worin besteht die Schuld der Andorraner und des Paters? – Wie ist ihr Verhalten zu erklären?	– Rückgriff auf 5. und 11. Stunde, HA 1 und 2 – fragend-entwickelnd – Tafelanschrieb – Partnerarbeit, Unterrichtsgespräch
(2) <u>Schuld der Eltern</u> (a) Senora (b) Lehrer (c) Ursachen	– Worin besteht die Schuld der Senora? – Worin besteht die Schuld des Lehrers? – Wie ist dieses Verhalten zu erklären?	– Rückgriff auf 9. Stunde – fragend-entwickelnd – HA 3 – Tafelanschrieb – Partnerarbeit, Unterrichtsgespräch
(3) <u>Schuld Andris</u> Verbohrtheit Eingriff in das Leben der anderen Tragik	– Welche Schuld kann man Andri selbst zusprechen? – Wie verhält sich seine Schuld zu der der andern?	– Rückgriff auf 6./7. Stunde – HA 4 – Unterrichtsgespräch – Tafelanschrieb
(4) <u>Reaktionen</u> Can, die Andorraner, der Pater	– Wie reagiert Can auf seine Schuld? – Wie verhalten sich die Andorraner zu ihrer Schuld?	– fragend-entwickelnd – Tafelanschrieb
(5) <u>Ergebnis</u> Verknüpfung schuldhafter Verhaltensweisen	– In welchem Verhältnis stehen die verschiedenen Verhaltensweisen zueinander?	– Unterrichtsgespräch
(Z 1) <u>Zeitbezug</u> (Z 2) <u>Verantwortlichkeit des einzelnen</u>	– Sind die Deutschen zur NS-Zeit kollektiv schuldig geworden? – Soll man diese vergangenen Dinge wieder aufgreifen? – Ist dem einzelnen noch Schuld zuzusprechen, wenn alle mitmachen? – Kann der Mensch Unwahrheit überwinden?	– Diskussion – Diskussion

Hausaufgabe: 1. Was versteht man unter einem Symbol?
2. Welche Gegenstände, Verhaltensweisen und Situationen mit Symbolcharakter sind in „Andorra" zu erkennen?

Tafelanschrieb:

Die Schuld

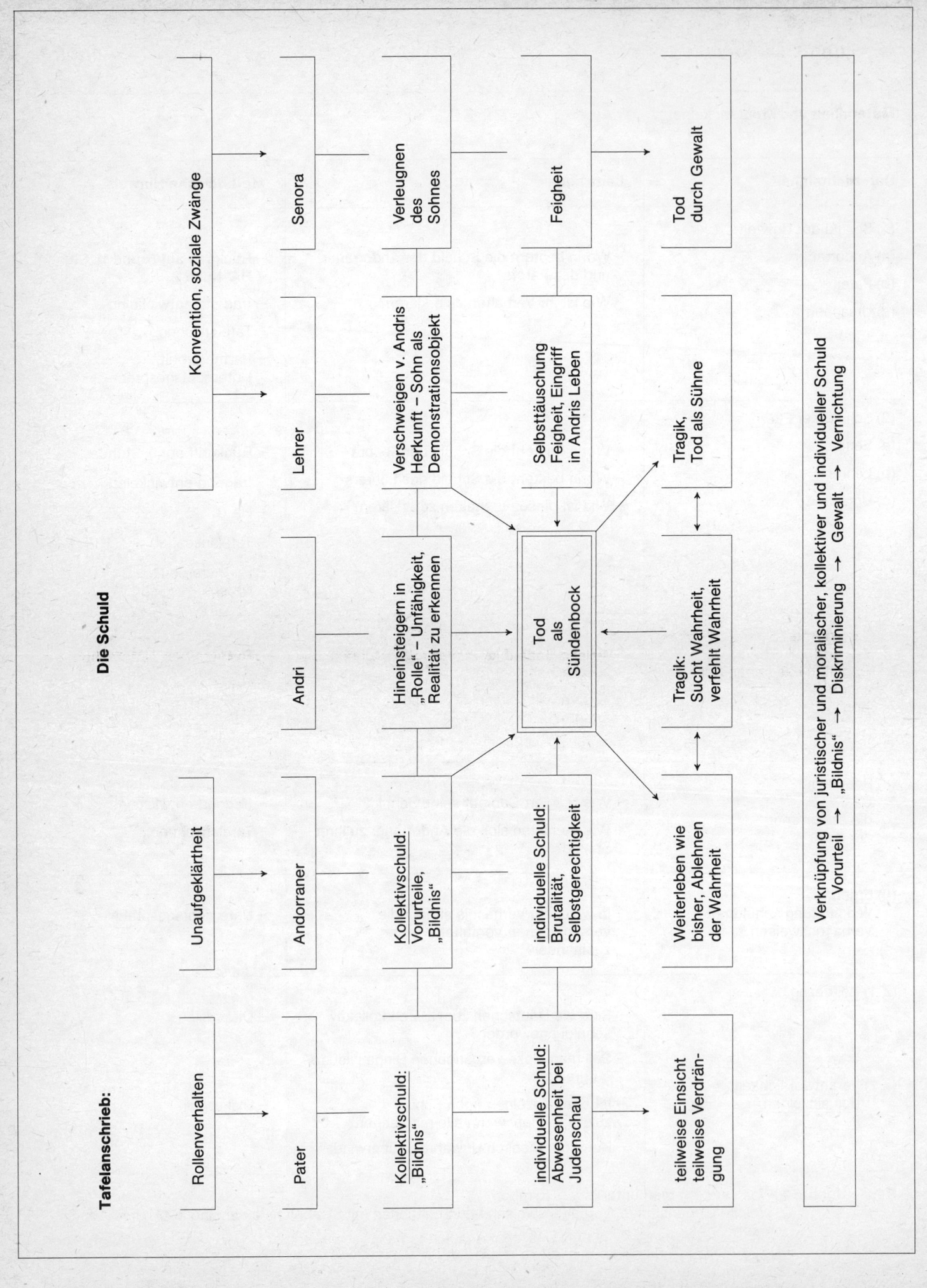

Rollenverhalten	Unaufgeklärtheit		Konvention, soziale Zwänge	
Pater	Andorraner	Andri	Lehrer	Senora

Kollektivschuld: „Bildnis"

Kollektivschuld: Vorurteile, „Bildnis"

Hineinsteigern in „Rolle" – Unfähigkeit, Realität zu erkennen

Verschweigen v. Andris Herkunft – Sohn als Demonstrationsobjekt

Verleugnen des Sohnes

individuelle Schuld: Abwesenheit bei Judenschau

individuelle Schuld: Brutalität, Selbstgerechtigkeit

Selbsttäuschung Feigheit, Eingriff in Andris Leben

Feigheit

Tod als Sündenbock

teilweise Einsicht teilweise Verdrängung

Weiterleben wie bisher, Ablehnen der Wahrheit

Tragik: Sucht Wahrheit, verfehlt Wahrheit

Tragik, Tod als Sühne

Tod durch Gewalt

Verknüpfung von juristischer und moralischer, kollektiver und individueller Schuld

Vorurteil → „Bildnis" → Diskrimierung → Gewalt → Vernichtung

Materialien und Medien: M. Frisch: „Notizen von den Proben zur Zürcher Aufführung – Der Pfahl" (Mat. S. 10)

Unterrichtsinhalt	Leitfragen	Methodische Hinweise
(1) Einstieg Wesen des Symbols und der symbolischen Darstellung	– Was versteht man unter einem Symbol?	– fragend-entwickelnd/ Lehrervortrag – HA 1
(2) Ausgangssituation „weißeln", „rote Erde", „die Schwarzen", „Gewitter", „Platzregen"	– Warum werden im 1. Bild die Häuser geweißelt? – Wie deutet der Soldat die Angst des Paters vor einem „Platzregen"?	– fragend-entwickelnd – Tafelanschrieb – HA 2 – Rückgriff auf Stunde 4
(3) Schlußsituation Bedeutung des „Weißelns", Farbsymbolik	– Welche Unterschiede bestehen zwischen Anfangs- und Schlußsituation? – Welche Bedeutung hat das Weißeln am Schluß?	– Partnerarbeit, Unterrichtsgespräch – Tafelanschrieb – HA 2 – Rückgriff auf Stunde 10
(4) Pfahlsymbolik (a) Bedeutung für die Zuschauer (b) Bedeutung für Andri (c) Bedeutung für die Andorraner	– Welche Bedeutung hat der Pfahl für den Zuschauer? – Welche Bedeutung hat er für Andri? – Welche Bedeutung hat die Reaktion von Wirt und Tischler auf Cans Frage nach dem Pfahl?	– Partnerarbeit, Unterrichtsgespräch – Text: Mat. S. 10 – Tafelanschrieb – HA 2 – Rückgriff auf Stunde 4
(5) Biblische Motive (a) Steinwurf (b) Hähnekrähen	– Welche symbolische Bedeutung hat der Steinwurf? – Warum läßt Frisch im 6. Bild während des Gesprächs Andri – Lehrer die Hähne krähen?	– fragend-entwickelnd/ Lehrervortrag – Strukturskizze – HA 2
(6) Ergebnis Symbole des Schuldigwerdens, Bedeutung der Symbolik für das Drama	– Welcher Art sind die erarbeiteten Symbole? – Welche Bedeutung hat die Verwendung der Symbole für die Intention des Dramas?	– Unterrichtsgespräch – Tafelanschrieb
(Z) Die Sprache der Personen (Andri, Pater, Soldat, Doktor)	– Inwiefern werden die Personen durch ihre Sprache charakterisiert?	– Zusatzstunde – Gruppenarbeit

Begriffe: Symbol

Hausaufgabe: 1. Lesen Mat. S. 22–23 (Texte zur Rezeption)
2. Nachschlagen der Begriffe „Modell" und „Parabel"
3. Welche allgemeinen Probleme und Verhaltensweisen werden am Beispiel „Andorra" verdeutlicht?

Tafelanschrieb:

Symbolik

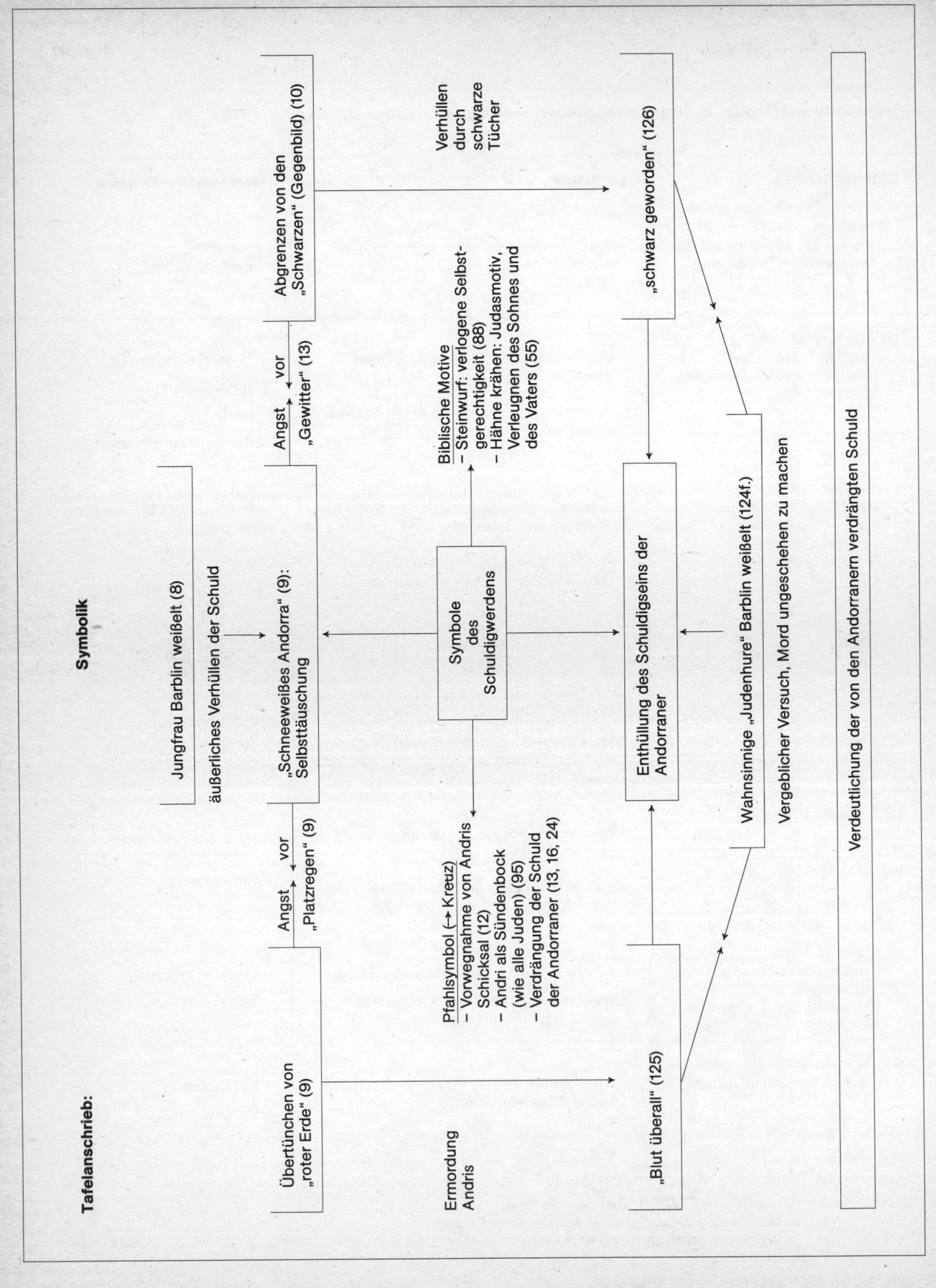

Jungfrau Barblin weißelt (8)
äußerliches Verhüllen der Schuld

„Schneeweißes Andorra" (9): Selbsttäuschung

Abgrenzen von den „Schwarzen" (Gegenbild) (10)
→ Verhüllen durch schwarze Tücher

Angst vor „Gewitter" (13)

Angst vor „Platzregen" (9)

Übertünchen von „roter Erde" (9)

Symbole des Schuldigwerdens

Biblische Motive
– Steinwurf: verlogene Selbstgerechtigkeit (88)
– Hähne krähen: Judasmotiv, Verleugnen des Sohnes und des Vaters (55)

Pfahlsymbol (→ Kreuz)
– Vorwegnahme von Andris Schicksal (12)
– Andri als Sündenbock (wie alle Juden) (95)
– Verdrängung der Schuld der Andorraner (13, 16, 24)

Ermordung Andris

„Blut überall" (125)

„schwarz geworden" (126)

Enthüllung des Schuldigseins der Andorraner

Wahnsinnige „Judenhure" Barblin weißelt (124f.)
Vergeblicher Versuch, Mord ungeschehen zu machen

Verdeutlichung der von den Andorranern verdrängten Schuld

Materialien und Medien: E. Brock-Sulzer: „‚Andorra' oder die mörderischen Bilder" (Mat. S. 22-23),
W/S, S. 98 ff., 113 ff., 122 ff., F/S, S. 72 f.

Unterrichtsinhalt	Leitfragen	Methodische Hinweise
(1) <u>Einstieg</u> (a) M. Frisch zu Andorra (b) historische Vorbilder (c) Modell und Parabel	– Wie will M. Frisch sein Stück verstanden wissen? – Sind historische Vorbilder zu erkennen? – Worin besteht die Eigenart von „Modell" und „Parabel"?	– fragend-erörternd/ Lehrervortrag – HA 2 – Tafelanschrieb – Begriffe: Modell, Parabel – Rückgriff auf Stunde 2
(2) <u>Eigenart des „Modells"</u> Andorra Typisierung, Querschnitt durch die Bevölkerung, Überschaubarkeit. klischeehaftes Verhalten	– Welcher formalen Mittel bedient sich Frisch, um den Modellcharakter seines Stückes zu erreichen?	– fragend-entwickelnd – Strukturskizze – Rückgriff auf Stunde 4
(3) <u>Modell wofür?</u> (a) Bildnis, Rollenzwang (b) kollektive Vorurteile (c) Gruppendruck, Feigheit, Gewalt (d) Zusammenhang der Probleme	– Für welche Gegebenheiten und Verhaltensweisen steht „Andorra"? – Wie hängen diese Verhaltensweisen und Gegebenheiten miteinander zusammen?	– Unterrichtsgespräch – HA 3 und 1 (Mat. S. 22 f.) – Tafelanschrieb – Rückgriff auf die Ergebnisse der bisherigen Stunden
(Z 1) <u>Kritik</u>	– Welche Nachteile hat die Offenheit eines literarischen Modells?	– Unterrichtsgespräch
(Z 2) <u>Interpretationsansätze</u>	– Welche neuen Gesichtspunkte vermitteln die Texte? – Welche Interpretationsschwerpunkte setzen sie?	– Schülerreferate – Textgrundlagen: W/S, S. 98 ff, 113 ff, 122 ff F/S, S. 72 f.
<u>Abschluß der Unterrichtseinheit</u> (2 Stunden)	– Wie interpretieren die einzelnen Schauspieler (Sprecher) die Personen des Dramas?	Plattenaufnahme der Züricher Uraufführung: Deutsche Grammophon, Nr. 2751001

Begriffe: Parabel, Modell

Tafelanschrieb:

Andorra – ein Modell

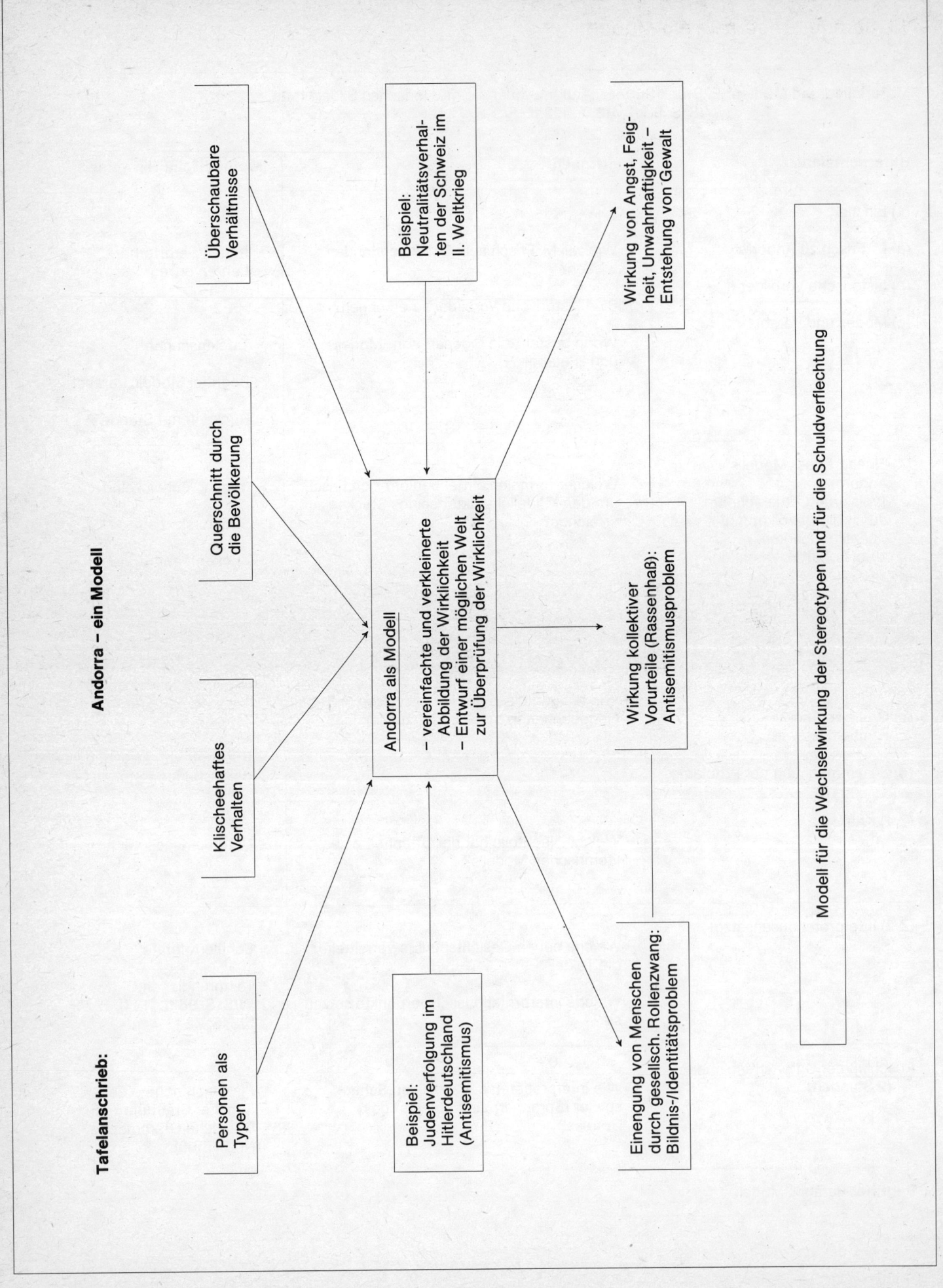

Überschaubare Verhältnisse

Querschnitt durch die Bevölkerung

Klischeehaftes Verhalten

Personen als Typen

Beispiel: Neutralitätsverhalten der Schweiz im II. Weltkrieg

Andorra als Modell
- vereinfachte und verkleinerte Abbildung der Wirklichkeit
- Entwurf einer möglichen Welt zur Überprüfung der Wirklichkeit

Beispiel: Judenverfolgung im Hitlerdeutschland (Antisemitismus)

Wirkung von Angst, Feigheit, Unwahrhaftigkeit – Entstehung von Gewalt

Wirkung kollektiver Vorurteile (Rassenhaß): Antisemitismusproblem

Einengung von Menschen durch gesellsch. Rollenzwang: Bildnis-/Identitätsproblem

Modell für die Wechselwirkung der Stereotypen und für die Schuldverflechtung